Wolfgang J. Bittner

HEILUNG – ZEICHEN DER HERRSCHAFT GOTTES

Wolfgang J. Bittner

HEILUNG –

ZEICHEN DER HERRSCHAFT GOTTES

Aussaat Verlag Neukirchen-Vluyn

2. Auflage 1988
© 1984 Aussaat- und Schriftenmissions-Verlag GmbH,
Neukirchen-Vluyn
Umschlag: Fritz Jahrmarkt, Witten
Satz: Friedrich Reinhardt AG, Basel
Druck: Clausen & Bosse, Leck

ISBN: 3-7615-4664-5

Gewidmet dem Menschen,
der durch sein Fragen
den Anstoss zu diesem
Buch gegeben hat.

INHALTSVERZEICHNIS

TEIL II: KRANKHEIT UND HEILUNG IN DER GESCHICHTE

5. KRANKENHEILUNG IN DER KIRCHENGESCHICHTE

6. DER NEUAUFBRUCH IN UNSERER GEGENWART

TEIL III: GRUNDFRAGEN DER KRANKENHEILUNG

7. THEOLOGISCHE GRUNDLEGUNG

8. ALLGEMEINE FRAGEN

9. PRAKTISCHE FRAGEN

TEIL IV: ZUR PRAXIS DER KRANKENHEILUNG

10. LEITGEDANKEN

11. SEELSORGERLICHE EINZELFRAGEN

ANHANG: DAS WELTBILD DER BIBEL – UND WIR MENSCHEN VON HEUTE

VORWORT

Die vorliegende Arbeit ist aus persönlicher Konfrontation mit Krankheit in meiner Umgebung erwachsen. Das Hinnehmen von Krankheit als der 'normalen' christlichen Haltung wurde anhand des Redens der Bibel zur Frage. Sie forderte zur Antwort heraus.

Am Anfang stand eine Beobachtung: Kein Text des Neuen Testamentes, der vom Auftrag Jesu an seine Jünger und an seine Gemeinde handelt, redet allein von der Predigt. In irgendeiner Form schliessen alle den Auftrag zur Krankenheilung ein. Hier hat diese Arbeit ihren Ausgang genommen.

Auf dem Büchermarkt existiert bereits eine grössere Anzahl von Veröffentlichungen zu unserem Thema. Meistens sind es Erfahrungsberichte, die zum Teil von sehr verschiedenen Voraussetzungen ausgehen. Was bisher fehlt, ist der Versuch, die theologischen Fragen im Zusammenhang mit Krankenheilung umfassend aufzunehmen und zu klären. Die vorliegende Arbeit will einen Schritt in diese Richtung tun. Damit sind zwei Anliegen verbunden: Einmal die Aufarbeitung der theologischen Probleme, die sich von der Bibel, von der Geschichte und von der Theologie her ergeben. Zum andern wird nach der Möglichkeit einer Erneuerung der Krankenheilung gefragt. Wie kann in unseren Gemeinden der Dienst der Krankenheilung verantwortungsvoll getan werden?

Aus dem Ziel des Buches ergibt sich auch seine Grenze. Von konkreten Erfahrungen der Krankenheilung spricht das Buch zwar in seinem biblischen und auch in seinem geschichtlichen Teil. Es will aber nicht in erster Linie dadurch Mut machen, dass es von Erfahrungen erzählt. Es will diese Erfahrungen aufnehmen und sucht sie mit dem zu verbinden, was von der Bibel her Grundlage unseres theologischen Denkens ist. Dahinter steht die Hoffnung, dass aus einer theologischen Klärung auch eine Erneuerung unserer Praxis kommen kann. Auf Veröffentlichungen, in denen Heilungserfahrungen geschildert werden, wird an geeigneter Stelle hingewiesen.

Die These des Buches sieht sich Missverständnissen ausgesetzt, zu denen vorweg kurz Stellung genommen werden soll. Die Beschäftigung mit dem Thema Krankenheilung erscheint einem wie eine Gratwanderung, bei der ein Absturz nach zwei Seiten hin droht.

Auf der einen Seite besteht die Gefahr, dass wir Gottes Kraft einschränken und sein heilendes Wirken allein von Jesu Wiederkunft erwarten. Aus dem Neuen Testament und der reichen Erfahrung der Kirche wissen wir jedoch, dass unser Herr seinen Jüngern 'schon jetzt' Anteil an den Kräften seiner noch verborgenen, 'noch nicht' in Macht durchgesetzten Herrschaft gibt. Doch was bedeutet das? Drohen wir damit nicht der Gefahr zu erliegen, die auf der anderen Seite der Gratwanderung lauert? Man könnte diese Meinung so stark betonen, dass man von Jesu Wiederkunft überhaupt nichts mehr erwartet. Ist seine heilende Kraft nicht jetzt schon voll da? Steht sie nicht schon jetzt gewissermassen zu unserer selbstverständlichen Verfügung? Das ist die Gefahr der Schwärmerei. Vor beiden Gefahren werden wir uns zu hüten haben.

Wovon gehen wir aus? Mit Jesu Wiederkunft, auf die unser Leben und unser Dienst ausgerichtet sind, ist uns ein 'Datum' gegeben, das uns leiten muss. Erst mit seiner Wiederkunft wird der Tod als der letzte Feind überwunden sein. *Vorher* ist eine Heilung von Krankheit, ebenso wie eine Totenerweckung, *Zeichen* der kommenden Herrschaft Gottes und *nicht* der Normalfall. Solange der Tod nicht vernichtet ist, kann unter uns auch die Krankheit 'noch nicht' als überwunden gelten. Hier sind uns Grenzen gesetzt, die ohne Gefahr der Schwärmerei nicht überstiegen werden können.

Die Abwehr von Unnüchternheit ist eine der Aufgaben, vor die wir uns vom Neuen Testament her gestellt sehen. Sie ist aber nicht die einzige. Dass Krankenheilung oft in geradezu schwärmerischer Weise hervorgehoben wird, fordert uns dazu heraus, erst recht nach den biblischen Grundlagen dieses Dienstes zu fragen und nach einer Form zu suchen, in der er theologisch verantwortbar getan werden kann.

Sehen wir recht, so weist das Neue Testament auf einen Auftrag, der in Erwartung der Wiederkunft Jesu und der mit ihr kommenden letzten Überwindung des Todes geschieht. Es leitet aber dazu an, von dieser im Kreuz Jesu schon vollendeten, in ihrer letzten Durchsetzung aber noch ausstehenden Überwindung *jetzt schon* zu leben, gewissermassen ganz in Hoffnung auf sie hin ausgerichtet zu sein und Gott um *Zeichen* darum zu bitten, dass seine Herrschaft – verborgen und doch wirklich – jetzt schon unter uns ist.

Der Titel des Buches bringt zum Ausdruck, dass Heilungen als *Zeichen* zu verstehen sind, die für eine *kommende* Wirklichkeit stehen. Das ist sehr ernst gemeint! Heilung von Krankheit ist, ebenso wie die Auferweckung vom Tode, 'noch nicht' der Normalfall. Es sind *Zeichen*, die auf das hinweisen, was in der Vollendung einmal 'normal' sein wird. Als solche *Zeichen* aber erbitten und erhoffen wir sie aufgrund dessen, was unser Herr uns geboten und verheissen hat.

Damit ist auch deutlich gemacht, dass Krankenheilung nie ein menschliches Unternehmen werden kann. Wir sind damit an Gott und seine Freiheit gewiesen, in der er uns seine überwindende Macht zeigen, sie aber auch vor uns verbergen kann. Keinerlei 'Machbarkeit' steht uns im Sinn. Da aber Gottes Freiheit nach dem Zeugnis der Bibel in Einheit mit seiner Treue steht, gehört die Bitte um Erweis Seiner Kraft mit zu den Aufgaben, die uns für unseren Dienst gegeben sind. Zur Verkündigung der Herrschaft Gottes gehört auch die Bitte, dass er die Gegenwart seiner Herrschaft bezeugen möge. Das tritt nicht fakultativ zum Auftrag der Kirche hinzu, sondern ist wesentlicher Bestandteil ihres Dienstes.

Ein Thema wie das der Krankenheilung lässt sich nicht isoliert abhandeln. Es führt in weite Zusammenhänge, die mit berücksichtigt werden müssen. Vor allem geschieht das da, wo nach einer Erneuerung dieses Dienstes für unsere Gegenwart ernsthaft gefragt wird. Erneuerung, soll sie wirklich verheissungsvoll sein, muss eine umfassende Angelegenheit werden. Darum stiess die Arbeit zu Überlegungen vor, die man auf den ersten Blick unter diesem Thema nicht vermuten wird.

Die vorliegenden Ausführungen sind bewusst nur ein 'Zwischenergebnis'. Sie wollen nicht mehr sein. Darum wird um Hinweise, Anfragen und Kritik gebeten, aber auch um Bestätigung und Ergänzung, wo dies möglich und sinnvoll erscheint.

Auf ein Problem soll noch besonders hingewiesen werden. Es gibt Themen, bei denen man 'gefahrloser' gewagte Thesen äussern darf. Ein Buch, das von Krankheit und ihrer Heilung handelt, wird von Menschen gelesen, die selbst direkt davon betroffen sind. Wer von uns hat in seiner Nähe nicht Menschen, die uns die damit gestellten Probleme anschaulich genug vor Augen führen. Die Nähe von Krankheit zwingt zu konkreten Fragen, auf die konkrete Antworten gefordert sind. Ein Buch kann dafür nur sehr bedingt eine Hilfe sein. Jede Situation ist unauswechselbar. Eine Antwort, die für einen Fall zutreffen mag, kann für einen anderen Menschen falsch sein. Die vorliegende Arbeit will zunächst der Klärung der theologischen Fragen und der Suche nach Möglichkeiten einer erneuerten Praxis dienen. Dennoch sind in Kapitel 11 eine Reihe recht konkreter Fragen aus der Seelsorge zusammengestellt, die immer wieder in Gesprächen auftauchen. Die Antworten versuchen in die Richtung zu weisen, in die man für seine Situation zu sehen hat. Man bedenke jedoch: Solch ein Fragenkatalog kann nie komplett sein und kann auch nie auf die konkreten Probleme eingehen, in denen man selbst steht. Darum seien drei Bitten formuliert:

Bitte helfen Sie mit, den Fragenkatalog in Kapitel 11 zu ergänzen. Er soll möglichst alle Fragen enthalten, die allgemein bedeutsam sind.

Bitte helfen Sie mit, indem Sie auf Lücken, Undeutlichkeiten und Missverständlichkeiten hinweisen.

Wer selbst unmittelbar betroffen ist, sei es in eigener Krankheit oder als Mensch, der einen Kranken begleitet, ist gebeten, sich einen Seelsorger zu suchen. In den bedrängenden Fragen der Krankheit sollte man nicht allein bleiben.

Für Mithilfe beim Lesen, kritische Durchsicht und Ermutigung habe ich manchen Menschen zu danken, vor allem meiner lieben Frau und Herrn Prof. Dr. Eduard Buess, dann Frau Dr. med. Verena Schlumpf, Pfr. Dr. Edgar Kellenberger sowie meinen Freunden Christoph Hilty, Pfr. Helmut Burkhardt, Pfr. Dr. Rainer Riesner, Dr. med. Stefan und Irmelin Kradolfer.

Möge das Buch dazu helfen, das Vertrauen in unseren Herrn zu stärken und von Ihm zu leben. Jesus Christus ist heute derselbe, der er gestern war. Er wird auch in Ewigkeit derselbe sein.

Liestal/Schweiz, August 1984

14

1. EINLEITUNG

« Wenn ihr aber hingeht, so prediget: Das Reich der Himmel ist genaht. Heilet Kranke, wecket Tote auf, machet Aussätzige rein, treibet Dämonen aus!»

Matthäus 10,7f

« Und wo ihr in eine Stadt kommt und sie euch aufnehmen, da...heilet die Kranken, die darin sind, und saget ihnen: Das Reich Gottes ist zu euch genaht.»

Lukas 10,8f

Beide Aussagen der Bibel machen von Anfang an deutlich, dass es sich bei der Frage nach der Krankheit und ihrer Heilung keineswegs um ein Nebenthema handelt. Wir stellen damit die Frage nach dem Auftrag der Jünger und damit zugleich nach dem Auftrag der Kirche. Was hat Jesus seiner Gemeinde zu tun befohlen? Was soll sie im Namen ihres Herrn in dieser Welt ausrichten? Der Auftrag lautet: «Prediget und heilt!» Das Reich Gottes soll den Menschen im Wort der Verkündigung und in der Tat der Heilung nahe kommen. Es ist *ein* Auftrag, der sich in *zwei* Grundfunktionen teilt. Von diesen *beiden* Seiten des *einen* Auftrags ist die Gemeinde nie dispensiert worden.

TEIL I: KRANKHEIT UND HEILUNG IN DER BIBEL

2. KRANKHEIT IM ALTEN TESTAMENT

2.1. DER AUSDRUCK «KRANKHEIT» IM ALTEN TESTAMENT

Der hebräische Ausdruck, der in unseren Bibelübersetzungen mit 'Krankheit' wiedergeben wird, ist in seiner Bedeutung weitreichend. Er meint ganz allgemein einen Zustand körperlicher Schwäche, die Abwesenheit der vollen Lebenskraft, die einem Menschen gewöhnlich zukommt. Damit sind also auch Zustände eingeschlossen, die wir kaum Krankheiten nennen würden, z.B. Müdigkeit und Erschöpfung. Ja, der Ausdruck umfasst jede körperliche und auch seelische Schwäche, organische Krankheiten und Verwundungen. Der alte Orient kannte bereits genaue Einteilungen von Krankheiten im Blick auf ihr Erscheinungsbild, z.B. 'innere Leiden' und 'chirurgische Leiden'[1]. Diese Einteilungen sind aber für das Alte Testament bedeutungslos geblieben.

Bereits dieser erste Einblick ist für uns wichtig. Nach heutigen Begriffen kann ein Mensch gesund sein, doch fehlt ihm – vielleicht bedingt durch Entmutigung, seelische Verletzung oder Beschämung – das, was die Bibel die volle Lebenskraft nennen würde. Auch das ist in der Sprache des Alten Testamentes Schwächung, also Krankheit, im Blick auf die das Fragen nach Heilung aufbricht.

2.2. DER ZUSAMMENHANG VON SÜNDE UND KRANKHEIT

Entscheidend ist für das Alte Testament, ja für die ganze Bibel, dass Krankheit und Sünde in einem unauflösbaren Zusammenhang zueinander stehen. Krankheit gehört nicht in die natürlichen Zusammenhänge der Schöpfung. Sie ist Folge der Schuld und damit ein ständiges, mahnendes Merkmal unserer gestörten Schöpfungsordnung.[2] Das wird uns, neben anderen Stellen, im Bericht vom Sündenfall in der der Bibel eigenen Sprache gesagt (Genesis 2,17f; 3,1ff). «Alle Störungen unseres natürlichen Lebensstandes haben ihre Wurzeln im gestörten Gottesverhältnis» (Gerhard von Rad).[3]

2.3. KRANKHEIT ALS VORLÄUFER DES TODES

Damit steht uns noch ein weiterer Zusammenhang klar vor Augen. Krankheit ist nicht nur Folge der Sünde, sondern auch ein Vorläufer des Todes. Der Bruch im Verhältnis zu Gott, so sagt uns der Bericht vom Sündenfall, hat dem Tod mitten im Bereich menschlichen Lebens Raum geschaffen. Nun greift er in seinen verschiedenen Ausformungen tief in den Bereich des Lebens hinein, zeichnet und schlägt uns. Trifft uns Schwäche in irgendeiner Form, so bedeutet das für den biblischen Menschen, dass der Tod uns in einen «Zustand relativen Totseins»[4] versetzt. «Das physische Sterben ist ... Abschluss dieses Einwirkens der Macht des Todes. Das eigentliche Kennenlernen des Todes vollzieht sich im Verlauf des Lebens, nicht erst im Augenblick des physischen Ablebens.»[5]

2.4. DER ZUSAMMENHANG VON INDIVIDUUM UND GEMEINSCHAFT

Erkennt man diese Zusammenhänge zwischen Krankheit und Sünde auf der einen und Krankheit und Tod auf der anderen Seite, muss man sofort auf ein mögliches, vielleicht sogar häufiges Missverständnis hinweisen. Schon im Alten Testament, im antiken Judentum, im Neuen Testament und bis in unsere Zeit hinein erhebt sich im Zusammenhang mit einer Krankheit die Frage nach der persönlichen Schuld. Wer ist denn daran 'schuld', wenn ein Mensch krank wird? Kann man nicht aus dem biblisch bezeugten Zusammenhang zwischen Sünde, Krankheit und Tod folgern, die Krankheit eines einzelnen Menschen sei Folge der Sünde eben dieses Menschen? Ist der Zusammenhang also individuell, der Kranke also 'selbst schuld', gestraft für irgendwelche eigene Taten, Unterlassungen oder gar Gedanken?

Tatsächlich gibt es in der Bibel Stimmen, die diese Meinung vertreten. Andere dagegen wehren sich leidenschaftlich gegen diese vereinfachende Verknüpfung.[6]

Man kann sich das Problem an der Argumentation der Freunde Hiobs deutlich machen. Sie bringen in differenzierter Weise die Theologie ihrer Zeit zum Ausdruck, die uns in einfacherer Form als Volksmeinung bis heute begegnet. Man könnte geradezu von einer 'Volks-Theologie' sprechen. Sobald man einen individuellen Zusammenhang zwischen Sünde und Krankheit annimmt, kann man gar nicht anders argumentieren. Hiobs Leiden müssen doch Folge einer schrecklichen Sünde sein, die auf ihm oder wenigstens auf seiner Familie liegt. Die 'Lösung' wird im kräftigen Hinweis auf die nun erforderliche Busse des Menschen vor Gott liegen. Denn, wäre Hiob unschuldig, wer trüge dann die Schuld? Kann Gott einen schuldlosen Menschen, als der sich

18

Hiob ja weiss, so schwer mit Leiden belasten? Die Weigerung Hiobs, eine Schuld einzugestehen, die es seinem Wissen nach gar nicht gibt, führt zum weitergehenden Argument, es gäbe eben auch verborgene, unbewusste Schuld. Vielleicht könne sie erforscht werden, auf jeden Fall aber habe man für sie Busse zu tun.

Das Anliegen der Freunde Hiobs wird verständlich, sobald man folgendes bedenkt. Im Zusammenhang ihrer Theologie steht hinter jeder Krankheit, hinter jedem Schicksalsschlag die Frage, wessen Schuld hier vorliegt. Wäre bei Hiob wirklich keine Schuld aufweisbar, dann müsste Gott schuldig sein. Und das kann, so lautet unausgesprochen die Überlegung der Freunde, 'theologisch' nicht möglich sein. Wenn sie Hiob also zu einer Form des Schuldbekenntnisses nötigen wollen, so tun sie es, um Gott von der Verantwortung für das Leiden zu entlasten.

Umso bedeutungsvoller ist es, dass Gott selbst gegen Ende des Buches Hiob gegen diese Theologie der Freunde leidenschaftlich Stellung nimmt. Er sagt zu einem von ihnen: «Mein Zorn ist entbrannt wider dich und deine zwei Freunde; denn *ihr habt nicht recht geredet von mir wie mein Knecht Hiob*» (Hiob 42,7). Gott selbst ist es, der sich solche theologischen Entlastungsversuche und damit die Erklärung menschlichen Leidens als einfache Folge von Schuld nicht gefallen lässt.

Zu diesem Problem sind noch eine ganze Reihe weiterer Aussagen der Bibel zu bedenken. Aufgrund konkreter Beobachtung der Vorgänge des täglichen Lebens sieht der Mensch der Bibel, dass konkrete Sünde Schwächung des Lebens zur Folge haben *kann*. Es wird aber auch genügend deutlich, dass das nicht immer der Fall ist. Schuld und Auflehnung gegen Gott können mit äusserem Wohlergehen verbunden sein, während Gott auf die Reinheit des Herzens mit täglicher Züchtigung antwortet (vgl. dazu Psalm 73)!

Weiterhelfen kann uns der Hinweis, dass viele Stellen, die wir in der Bibel als Worte an Einzelpersonen betrachten und darum gerne individuell lesen, eigentlich dem Volk als Gemeinschaft gelten. So wird dem Volk Israel als ganzem gesagt: «Wenn du dem Herrn, deinem Gott, treulich gehorchst und tust, was vor ihm recht ist...so will ich keine von den Krankheiten über dich bringen, die ich über Ägypten gebracht habe...» (Exodus 15,26). Gott hat das Verhalten der ganzen Volksgemeinschaft im Auge. Der einzelne Mensch hat Teil sowohl am Segen als auch an der Strafe, die von Gott her auf der Gemeinschaft, in der er lebt, liegen. Diese Einsicht ist für unseren Umgang mit der Bibel, aber letztlich auch für das Verständnis der Gegenwart, wichtig und weitreichend. Für unsere Fragestellung bedeutet es, dass nach dem Zusammenhang zwischen persönlicher Schuld und persönlicher Krankheit zwar gefragt werden kann. Doch das allein reicht noch nicht aus, um diesem Problem gerecht zu werden.

Will man vorsichtig eine Antwort formulieren, so muss man zwei Dinge hervorheben. Einerseits stehen wir als Menschen inmitten einer Welt, in der die Sünde weiten Herrschaftsraum hat. Weil in unserer Welt die Sünde herrscht, hat auch die Krankheit Raum. Weil wir als einzelne Menschen in diese Welt hineingeboren sind, darum werden auch wir krank, sind jedenfalls dafür anfällig. So gesehen ist der Zusammenhang zwischen Krankheit und Sünde zunächst nicht individuell, sondern, wenn man so will, universal.

Andererseits ist aber auch der individuelle Zusammenhang nicht einfach aufgehoben. Sünde, auch unsere persönliche, ist auf jeden Fall Leben zerstörend. Diese das Leben zerstörende Macht zeichnet einen Menschen, der ihr in seinem Leben immer mehr Raum gibt. Das kann auf vielfältige Weise geschehen, sei es in seelischer Verhärtung bei sonst 'blühender Gesundheit', sei es in seelischer Dunkelheit, in Abnormität oder in körperlicher Krankheit. Es kann aber auch sein, dass im Leben eines Menschen 'sichtbare' Folgen völlig ausbleiben.

Knapp zusammenfassend kann man sagen: An der Tatsache, dass Krankheit in der Welt da ist, wird zunächst deutlich, dass Sünde und Tod in unserer Welt noch Raum haben. Man wird nicht ohne weiteres von der konkreten Krankheit eines Menschen auf die Schuld eben dieses Menschen schliessen. Der Zusammenhang des Einzelnen mit der Geschichte und der Gemeinschaft, in der er steht, ist der Bibel wichtig und muss auch in der Frage nach der Krankheit wichtig bleiben.[7]

2.5. HEILUNG UND SÜNDENVERGEBUNG

Wie stark der Zusammenhang zwischen Sünde und Krankheit für die Bibel ist, zeigt sich daran, dass auch Sündenvergebung und Heilung von Krankheit eine unauflösbare Einheit bilden. So lesen wir Psalm 103,3 «Lobe den Herrn meine Seele...und vergiss nicht, was er dir Gutes getan hat...der dir alle deine Sünden *vergibt* und alle deine Gebrechen *heilt*.» Dieser, für die Bibel, für die Botschaft und den Dienst Jesu und seiner Gemeinde zentrale Text bezeugt die *zwei* Seiten des *einen* Handelns Gottes: Er vergibt – und zwar *alle* unsere Sünden! Diese Vergebung schliesst aber das andere in sich: Er heilt, – und zwar *alle* unsere Krankheiten!

Derselbe Zusammenhang steht hinter dem oft zitierten Wort Gottes an sein Volk Israel: «Ich bin der Herr, dein Arzt» (Exodus 15,26). Auch hier scheint im Zusammenhang des Textes dieselbe Einheit durch. Freiheit von Schuld bedeutet für Israel Freiheit von Krankheit.

Wir trennen in der Praxis unseres Denkens und unseres Dienstes gerne diese beiden Seiten, die in der Bibel eine unlösbare Einheit bilden. Wir suchen Heilung beim Arzt, in einem Kuraufenthalt. Aber das Problem unserer Schuld, die tiefgreifend unser Leben prägt und zerstört, gerät hier kaum ins Blickfeld. Unter Christen wird die Erinnerung an Schuld oft als 'Anfechtung' auf die Seite geschoben. Andererseits suchen wir vor Gott Vergebung unserer Schuld und nehmen sie im Glauben für uns an. Aber auch dabei isolieren wir und beziehen das ganze Umfeld unserer Krankheiten in unser Fragen nicht ein.

Für die Bibel sind das nicht zwei getrennte Problemkreise, sondern ein einziger, so wahr auch der Mensch nur einer ist und sein Leben nur eines ist. Gott heilt als Arzt nicht allein die Krankheit des Menschen, sondern er will ihn in seiner *Ganzheit* heil machen. Gottes heilendes Handeln fasst beide Teile, die wir trennen, zur Einheit zusammen. Vor Gottes Angesicht kommt der Mensch in seiner ganzen Lebenstiefe ins Blickfeld. In der wahren, von Gott geschenkten Heilung wird der Mensch zu einem Leben geführt, in dem *alle* dieses Leben zerstörenden Kräfte überwunden sind. Für die Bibel sind Sündenvergebung und Heilung von Krankheit zu unterscheiden, aber nicht zu trennen.[8]

2.6. GOTT ALS ARZT

Wenn Gott zu Israel sagt: «Ich bin der Herr, dein Arzt» (Exodus 15,26), so ist dieses Wort auf dem Hintergrund des ersten Gebotes zu hören: «Ich, der Herr, bin dein Gott...Du sollst keine anderen Götter neben mir haben» (Exodus 20,2-3; Deuteronomium 5,6-7). Nicht nur für die Sündenvergebung ist Gott allein zuständig. Nein, auch in der Suche nach Heilung körperlicher oder seelischer Krankheit bekommen wir es unweigerlich mit dem Ausschliesslichkeitsanspruch Gottes zu tun.

Deutlich wird das in dem Bericht, den uns die Bibel über König Asa gibt. Er wurde schwer krank, doch «auch in seiner Krankheit wandte er sich nicht an den Herrn, sondern an die Ärzte» (2. Chronik 16,12).

Ärzte gehörten damals zum Kultpersonal ausländischer Tempel. Asa suchte Heilung bei Ärzten, die ihren Dienst unter Anrufung fremder Götter betrieben. Der Protest gegen den Arzt ergeht hier vom ersten Gebot aus. Die Frage nach der Heilung trieb Asa von Gott weg in den Bereich fremder Götter. Sie waren doch für Heilung zuständig? Diesen Mächten darf sich aber der Mensch nicht unterstellen. Für Heilung von Krankheit ist der Gott Israels, der in Jesus von Nazareth Mensch geworden ist, allein zuständig. *Er allein* ist der Gott, der «tötet und lebendig macht» (Deuteronomium 32,39; 1. Samuel 2,6).

Als Frage, wofür Gott denn eigentlich zuständig sei, behält der Hinweis auf das erste Gebot für unser Thema seine Bedeutung bis heute.[9]

2.7. DIE HOFFNUNG ISRAELS AUF DIE MESSIANISCHE ZEIT

Die Vorstellungen vom Messias und der Endzeit sind weder im Alten Testament noch im antiken Judentum einheitlich gewesen. Es gibt verschiedene Vorstellungsreihen, die mehr oder weniger parallel, zum Teil auch unausgeglichen nebeneinander bestehen und so auch ihr Recht haben. Ihnen gemeinsam ist die eine Hoffnung, dass in einer kommenden, heilvollen *Endzeit* Gott selbst die Herrschaft über Israel antreten wird. «Der Herr wird dann *König sein* über die ganze Erde...», sagt Sacharja (14,6). Dass Gott König sein wird, bedeutet, dass er als König alle feindlichen, das Leben bedrohenden Mächte überwinden und beseitigen wird. Das betrifft einerseits die Mächte der Bosheit, die in der Sünde, in der Krankheit und Schwachheit des Menschen zutage treten, andererseits aber auch die Mächte, die in der Form politischer Unterdrückung und Ausbeutung in unserer Welt sichtbar auftreten. Gottes Herrschaft, Gottes König-Sein beseitigt alles, was Gott im Wege steht und sich jetzt noch als unüberwunden zeigt.

Dieser Vorstellungshintergrund ist für das Verständnis Jesu ausserordentlich wichtig. Der jüdische Mensch zur Zeit Jesu lebte in der Hoffnung, dass Gott sein Königtum bald antreten werde. Worauf gründete sich diese Hoffnung?

Beim Prophet Jesaja kann man lesen: «Wie lieblich sind auf den Bergen die Füsse des Freudenboten (griechisch: des Evangelisten), der Frieden verkündet, gute Botschaft (griechisch: Evangelium) bringt, der Heil verkündet, zu Zion spricht: Dein Gott ist König!» (Jesaja 52,7). In Israel wartete man zur neutestamentlichen Zeit auf diesen Freudenboten. Wenn er auftritt, dann wird es soweit sein. Seine Botschaft wird lauten: Jetzt tritt Gott seine Königsherrschaft endlich an.

Nun erhebt sich ein nicht unwichtiges Problem. Woran soll Israel erkennen, ob dieser Bote der rechte Bote, ob sein Evangelium das rechte Evangelium sein wird? Diese Frage ist von Jesaja her und mit Hilfe der Regeln damaliger Bibelauslegung durchaus zu beantworten. Für den Umgang mit der Schrift gab es verschiedene Regeln. Eine davon lautete, dass zwei Bibelstellen, in denen derselbe Begriff vorkommt, zur gegenseitigen Erklärung benützt werden sollen. So kann man danach fragen, wo der Ausdruck «Evangelium» sonst noch zu finden ist. So wird man zu Jesaja 61,1ff finden. Auch dort wird von einem Mann gesprochen. Jetzt erfährt man auch, wer damit gemeint ist: der Messias, der Gesalbte Gottes, der Christus. Er wird die frohe Botschaft, das Evangelium bringen. Damit ist die Identität des Mannes, von dem Jesaja 52,7 sprach, geklärt. Doch was tut er sonst noch? Wozu hat ihn denn Gott gesandt? «Der Geist des Herrn ruht auf mir, weil der Herr mich gesalbt hat. Er hat mich gesandt, den Elenden frohe Botschaft zu bringen (griechisch lautet der Ausdruck hier wieder «Evangelium»), zu *heilen*, die gebrochenen Herzens sind, den Gefangenen Befreiung zu verkünden und den Gebundenen Lösung der Bande, auszurufen ein Gnadenjahr des Herrn.» Eng damit verbunden ist die andere Stelle bei Jesaja (35,4ff), die ebenfalls als Wort auf die Endzeit verstanden wurde: «Saget zu denen, die verzagten Herzens sind: Seid getrost, fürchtet euch nicht! Siehe da, euer Gott! Alsdann werden die Augen der Blinden aufgeschlossen und die Ohren der Tauben werden aufgetan. Alsdann wird der Lahme springen wie eine Hirsch und die Zunge des Stummen wird jauchzen...» (vgl. auch Jesaja 42,6-7).

Diese und weitere Stellen fügen sich zu einem Gesamtbild der Hoffnung auf den Anbruch der heilvollen Endzeit, die Gott einmal heraufführen wird. Alle unheilvollen, Gott und dem Menschen widerstehenden Mächte werden dann gebunden und beseitigt sein; Gott selbst wird seine segensvolle Herrschaft antreten. Auf dieses 'Evangelium' wartet man in Israel, darauf, dass der Messias als Freudenbote kommt und sagt: Jetzt ist es soweit. Diese Botschaft ergeht an die Armen, die gebrochenen Herzens sind. Es verkündet eine Befreiung von all den Mächten, die unser Leben in Fesseln hineingezwungen haben. Diese *Botschaft* wird aber – und gerade das soll das Kennzeichen ihrer Echtheit sein – von den *Taten* der Befreiung begleitet werden: der Heilung von Blinden, von Lahmen, von Tauben, von Stummen (vgl. dazu Matthäus 11,2ff).[10]

Zusammenfassend kann man sagen: Israel wartete auf den Anbruch der Heilszeit. Gott wird dann seine Herrschaft als König antreten. Das ist mit dem Begriff gemeint, den unsere Bibelübersetzungen mit «Reich», «Reich Gottes» oder mit «Himmelreich» wiedergeben. Nach dem Zeugnis der Schrift soll dieser Herrschaftsantritt Gottes von einem Freudenboten als frohe Botschaft, als Evangelium verkündet und durch Taten umfassender Befreiung begleitet werden. Vor allem Heilungen hatte man zu erwarten, aber auch die Befreiung von «Fesseln».[11]

3. KRANKHEIT UND HEILUNG BEI JESUS

3.1. JESU DOPPELTER AUFTRAG

Wenn man den Hintergrund der Hoffnung Israels kennt, wird auch verständlich, was in der Synagoge in Nazareth geschah, als Jesus, nach der Darstellung des Lukasevangeliums, zu Beginn seiner Wirksamkeit (4,16ff) die Schriftrolle öffnete und Jesaja 61,1f vorlas. Für die Hörer verband sich mit diesem Text die Erwartung, Jesus werde nun zu ihnen über die kommende, erhoffte Heilszeit und über den Messias als den Boten, der diese Heilszeit ankündigen soll, sprechen. Aber gerade das geschieht nicht. Jesus sagt: Jetzt, jetzt ist es soweit. «Heute ist dieses Schriftwort erfüllt vor euren Ohren» (4,21). Er selbst ist der Freudenbote, der mit dem Geist gesalbte Prophet, der Messias. Die von Israel erhoffte Heilszeit bricht nun herein.

Im weiteren berichtet das Evangelium davon, dass Jesus dem ihm bestimmten doppelten Auftrag auch gerecht wird. «Ich muss das *Evangelium* vom *Reiche Gottes* verkündigen; denn dazu bin ich gesandt (4,43; man beachte, wie genau hier Jesaja 61,1f anklingt). Diese *Predigttätigkeit* ist jedoch begleitet von einer umfassenden *Heilungstätigkeit.* «Als aber die Sonne unterging, brachten *alle*, die Kranke hatten mit mancherlei Leiden, sie zu ihm; und er legte *jedem* von ihnen die Hände auf und heilte sie»(4,40).

Es wäre eine entscheidendes Missverständnis, würde man die Heilungen Jesu für blosse Zeichen der Freundlichkeit Gottes halten, die irgendwie, gar als Machtdemonstrationen, zur Predigt als dem eigentlichen Auftrag Jesu noch hinzukämen. Nein, *Jesu PREDIGT und Jesu heilendes, helfendes TUN sind eine unlösbare Einheit, aus der uns kein Element in den Hintergrund treten darf.*[12]

Es entspricht einer starken geistesgeschichtlichen Tradition, in der wir stehen, wenn wir Jesu Predigt für das alles Entscheidende halten und dem gegenüber Jesu Heilungen, seine Wundertaten nur nebenbei erwähnen, sie aber im Grunde für entbehrlich halten. Man sieht in ihnen bestenfalls noch 'Illustrationen' der Botschaft Jesu. Illustrationen mögen interessant sein, sind aber doch unwesentlich. Das Entscheidende liegt, wie man meint, «im Wort allein». Das klingt zunächst ganz reformatorisch. So werden aber Jesu Wort und Jesu Tun, die doch unlösbar zu einer Einheit zusammengehören, auseinandergerissen und sogar in Gegensatz zueinander gestellt. Mit der Bibel selbst hat solche Argumentation nichts zu tun. Viel eher kann man behaupten, dass für die Bibel das Verhältnis zwischen Wort und Werk Jesu umgekehrt liegt. Es ist das *Tun* Jesu, das seiner Botschaft den eindeutigen und damit verpflichtenden Charakter verleiht (vgl. Johannes 10,37f; 15,22-24).

3.2. SEHEN UND HÖREN

An einem Bericht soll uns dieser doppelte Aspekt der Wirksamkeit Jesu etwas deutlicher werden. Als Johannes der Täufer von Herodes (Antipas, dem Sohn Herodes des Grossen) gefangengenommen wurde, hörte er im Gefängnis von den «Werken Christi» (Matthäus 11,2). Da Johannes, wie uns seine Botschaft gut zeigen kann, den Kommenden als den Bringer des grossen Gerichtes erwartet und angekündigt hat[13], wird er angesichts der Heilstaten Jesu unsicher. Ist es doch noch nicht soweit? Hat er sich in Jesus getäuscht? «Bist du es, der da kommen soll, oder sollen wir auf einen anderen warten?», so lautet die Anfrage, die aus dem Gefängnis zu Jesus kommt. Lukas erzählt uns dazu: «In jener Stunde heilte er viele von Krankheiten und Qualen und vielen Blinden schenkte er das Augenlicht» (Lukas 7,21). Das sollen die Jünger des Johannes ihrem Meister berichten, und zwar mit Worten, die genau im Anklang an jene alttestamentlichen Stellen formuliert sind, die von der kommenden Endzeit nicht als von einer Gerichts-, sondern als einer Heilszeit sprechen: «Geht hin und berichtet dem Johannes, was ihr *gesehen* und *gehört* habt: Blinde werden sehend, Lahme gehen, Aussätzige werden rein und Taube hören, Tote werden auferweckt, Armen wird die frohe Botschaft gebracht...» Beachten wir: Die Jünger des Johannes werden nicht mit Worten, nicht mit einer theologischen Erklärung abgefertigt. Sie sollen sagen, was sie *gesehen* und *gehört* haben. Beides ist entscheidend, denn beides gehört unlösbar zusammen. Der Anbruch des Reiches Gottes zeigt sich nicht darin, dass Jesus diesen Anbruch bloss predigt. Das könnte jeder andere auch tun. Man wüsste nicht, ob es sich um einen rechten oder um einen falschen Propheten handelt. Dass das Reich Gottes wirklich anbricht, nimmt man erst wahr, wenn man *sieht und hört*. Darum erfolgt auf die Anfrage der Hinweis auf die *Taten* Jesu, die genau das erfüllen, was das Wort der Verheissung im Alten Testament versprochen hat. Jesus erweist sich durch sein *Tun* als Erfüller des Verheissungswortes.[14] «Wieder sind das Hören und das Sehen die Vorgänge, die die Gewissheit zu begründen vermögen. ... Gottes Königtum wird nicht nur mit Worten beschrieben, sondern wird im Wirken offenbar.» (A. Schlatter).[15]

Heute sagt man gerne, die Taten Jesu, vor allem seine Wunder, seien zweideutig und würden erst für den Glaubenden eindeutig. Das klingt für unser Denken verlockend, entspricht aber in keiner Weise dem biblischen Zeugnis. Was Jesus *getan* hat, das konnte man, auch als Nicht-Glaubender, *sehen*. Und wer hat denn zur Zeit von Jesu öffentlicher Wirksamkeit schon an ihn geglaubt? Daran aber, dass man *sehen* und dieses Sehen mit dem Schriftwort verbinden konnte wie die Johannesjünger, daran sollte und konnte man zum Glauben kommen. Gerade das Sehen-Können stellt in eine Verantwortung, die letztlich unausweichlich ist und den Unglauben unentschuldbar macht. «Hätte ich nicht die *Werke* unter ihnen *getan*, die kein anderer getan hat, so hätten sie keine Sünde; nun aber haben sie sie *gesehen* und haben doch sowohl mich als meinen Vater gehasst» (Johannes 15,24; vgl. 10,37-38).[16]

3.3. SÜNDE UND KRANKHEIT IN DER SICHT JESU

Haben wir anhand des Alten Testamentes gesehen, dass Krankheit in enger Verbindung mit Sünde steht, Heilung also mit Sündenvergebung zusammenhängt, so werden wir fragen müssen, ob sich bei Jesus diese Sicht der Krankheit durchhält, oder ob sich das Bild irgendwie ändert.

Die Evangelien berichten von der Heilung des Gelähmten, den seine Freunde durch das aufgedeckte Dach zu Jesus bringen (Markus 2,1-12 par.). Natürlich erwarten die Freunde die Heilung des Mannes. Zunächst aber erfolgt durch Jesu Wort etwas anderes. «Mensch, deine Sünden sind dir vergeben!» Diese Art der Formulierung (im grammatischen Passiv, dem sogenannten 'passivum divinum') bedeutete für den damaligen Hörer, dass Jesus dem Mann Gottes vergebendes Handeln direkt zuspricht. Das zwingt die anwesenden Schriftgelehrten zum Protest. Wie kann denn Jesus die Vergebung, die endgültig von Gott im letzten Gericht verkündet werden wird, bereits jetzt als von Gott ergangen zusprechen? «Wer ist dieser, der Lästerungen redet? Wer kann Sünden vergeben ausser Gott allein?» (Lukas 5,21b).

Hinter diesem Gedankengang haben wir die Aussage von Psalm 103,3 zu erkennen: «Lobe den Herrn, ... der dir alle deine Sünden vergibt.» Schon Jesu Zuspruch ist anhand dieses Wortes formuliert, aber auch der Protest der Schriftgelehrten geht von diesem Psalmtext aus. Wie soll es in dieser Frage zu einer Lösung kommen? Nimmt Jesus zu Recht den Zuspruch der Vergebung vorweg? Der Psalm gibt uns einen Hinweis. Er sagt ja im selben Atemzug von Gott aus, dass er «alle deine Sünden vergibt und alle deine Gebrechen heilt». Die darauffolgende Heilung des Mannes wird so zum Erweis, dass im Menschen Jesus von Nazareth Gott selbst als der Vergebende UND Heilende nach Psalm 103,3 in die Welt gekommen ist und nun vor den Menschen steht. Die Heilung ist keine weniger wichtige und darum vielleicht entbehrliche Draufgabe zur alles entscheidenden Sündenvergebung. Nein, die Heilung tritt als zweiter Teil des umfassenden heilenden Handelns Gottes, das den *ganzen Menschen* meint, zur Sündenvergebung hinzu.[17]

Jesus war mit dem Wort der Bibel, unserem Alten Testament, als dem Wort seines himmlischen Vaters zutiefst vertraut. Er hat darin die Stimme seines Vaters vernommen und anhand der Schrift seinen Weg, den er zu gehen hatte, erkannt.[18] Mit der Schrift hat er auch die Sicht vom Zusammenhang von Sünde, Krankheit und Tod geteilt, auch wenn er sich dagegen gewehrt hat, das Wie dieses Zusammenhanges im konkreten Fall für Menschen durchsichtig zu machen.[19]

3.4. DIE VERTIEFUNG DER ALTTESTAMENTLICHEN SICHT

Jesus hat ganz vom Alten Testament her gelebt, in gewissem Sinn aber seine Aussagen vertieft. So hat er die alttestamentliche Sicht der Krankheit unlösbar mit dem Endkampf Gottes gegen den Bösen verbunden. Hinter Krankheit und Sünde, die das Leben der Menschen zerstören, wird das Werk des «Menschenmörders von Anfang an» (Johannes 8,44) sichtbar. So ist Jesus nach dem Zeugnis des 1. Johannesbriefes dazu gekommen, «dass er die Werke des Satans zerstöre» (3,8).[20] Damit erweist sich jede Deutung der Heilungen als blosse 'Zeichen der Freundlichkeit Gottes' als unzureichend. Es sind *Kampfhandlungen* die in den grösseren Zusammenhang der Überwindung und Entmachtung des Bösen gehören und mit dem Einbruch des Reiches Gottes in den Machtbereich des Bösen unlösbar verknüpft sind.[21]

Am Umgang Jesu mit der Krankheit wird das sogleich sichtbar. Nach Lukas 4,38f liegt die Schwiegermutter Simons mit schwerem Fieber danieder. Von Jesus heisst es an dieser Stelle, er habe das Fieber 'bedroht'. Es ist ein Ausdruck, der sonst bei der Austreibung der Dämonen verwendet wird (z.B. Lukas 4,35).[22] Fieber erscheint nicht als eine mehr oder weniger normale Reaktion des Körpers, z.B. auf eine Infektion. Es ist keine Erscheinung, die als normale Lebensäusserung in den Bereich der guten Schöpfung Gottes gehört. Daran wird die Wirkung des Bösen sichtbar, der diese Schöpfung Gottes zerstören will. Darum wird das Fieber von Jesus bedroht und muss weichen.

Einer kleinen Notiz bei Lukas sollten wir Beachtung schenken. Er sagt, die Frau habe «starkes Fieber» gehabt. Wie sehr solches Fieber einen Menschen schwächt, wissen wir. Und doch stand sie, wie Lukas betont hinzufügt, nach der Heilung «sofort auf und diente ihnen.» Die Heilung Jesu greift in viel tiefere Schichten des Menschseins, als das durch unsere 'Heilungen' geschehen kann.

Ähnlich klingt der Bericht, den Lukas uns von einer Frau gibt, die achtzehn Jahre «verkrümmt» und «nicht imstande (war), sich ganz aufzurichten» (Lukas 13,10-17). Das Krankheitsbild weist auf eine schwere Deformation der Wirbelsäule. Der Text selbst blickt jedoch tiefer. Sie habe einen «Geist der Krankheit» gehabt. Ja, Jesus spricht nach der erfolgten Befreiung – sie wurde unter Handauflegung sofort wieder gerade – davon, es sei Satan gewesen, der diese Frau achtzehn Jahre lang gebunden gehalten habe.[23]

Für Jesus wird hinter der Krankheit nicht allein die Sünde der Menschen oder die Sündhaftigkeit der Welt sichtbar. An Sünde und Krankheit wird die in sich geschlossene Herrschaft Satans erkennbar, die nun, da die Herrschaft Gottes in die Welt kommt, gebrochen wird.

3.5. DER SIEG ÜBER DEN «STARKEN» (Markus 3,27)

Von diesem Hintergrund her wird das Wort Jesu in Markus 3,27 par. wichtig. «Niemand kann in das Haus des *Starken* (gemeint ist der Satan) hineingehen und ihm den Hausrat rauben, wenn er nicht zuvor den *Starken* bindet; erst dann wird er sein Haus ausrauben.» Genau das geschieht in Jesu Wirksamkeit. Werden die Heilungen und Wunder Jesu einfach als helfende Taten, als Freundlichkeiten angesehen, so ist das eine verhängnisvolle Verkürzung, die den Aussagen des Neuen Testamentes nicht gerecht wird. Nein, hier ist über den Starken, über Satan, der noch Stärkere «gekommen und hat den entscheidenden Sieg errungen» (O. Michel).[24]

Es handelt sich hier um ein Bildwort, in dem uns Wesentliches über die Auseinandersetzung Jesu mit dem Bösen gesagt ist, ohne dass wir dabei die Bildhaftigkeit zugunsten rationaler Denkformen abstreifen könnten. Gesagt ist uns, dass es sich beim Bösen um eine umfassende, zusammenhängende und differenzierte 'Organisation', um ein 'Hauswesen', handelt, das hierarchisch strukturiert ist und an dessen Spitze der 'Starke' steht. Der Einbruch an der zentralen Stelle, die Bindung des 'Starken', zieht Einbrüche auch an anderen Stellen nach sich. Diese Aussage ist wichtig, da sie uns zeigt, dass es sich bei den Heilungen und den Dämonenaustreibungen nicht um vereinzelte Einbrüche in das Reich Satans handelt. In diesen einzelnen Taten kündigt sich zeichenhaft der entscheidende Sieg, die angebrochene Heilszeit und die beginnende Vernichtung Satans an.[25]

Wichtig ist auch, dass in dem Bildwort der Kampfcharakter dieses Geschehens herausgestellt wird. Es handelt sich nicht um Alltäglichkeiten, sondern um einen 'Raubzug'. Davon weiss das ganze Neue Testament.

Das dritte, zu dem uns dieses Bildwort führen will, ist die Einsicht, dass das Böse auch in seiner Form als Krankheit weit über unsere Wirklichkeit in die unsichtbare Welt hineinreicht. Ja, der entscheidende Kampf und Sieg Jesu wird über das Böse in dieser umfassenden Dimension geführt und errungen. Das bedeutet, dass die Heilungen Jesu nicht nur mit dem Bereich unserer sichtbaren Schöpfung zu tun haben, sondern gewissermassen tief in den Bereich der unsichtbaren Welt hineingreifen.[26]

3.6. SIEG, KAMPF UND TRANSZENDENZ

An weiteren Aussagen des Neuen Testaments müssen wir unsere Sicht vertiefen. Jesus hat seine Jünger ausdrücklich mit der Vollmacht zur Heilung und zur Dämonenaustreibung ausgestattet.[27] «Die Vollmacht über die Geister kehrt in den Sendungslogien ständig wieder und ist geradezu ein Kennzeichen dieser Worte» (J. Jeremias).[28]

«Warum Jesus den Dämonenaustreibungen der Boten so grosses Gewicht beilegt, zeigt der Jubelruf, mit dem Jesus auf den Bericht der zurückkehrenden Jünger, dass auf ihr Wort die Geister weichen mussten, antwortet: ...(Lukas 10,l8)..'Ich sah, wie Satan, jählings aus dem Himmel ausgestossen, wie ein Blitz auf die Erde herabfiel'» (J.Jeremias).[29]

29

Was sich auf der Erde in Heilung und Dämonenaustreibung vollzieht, hängt mit Vorgängen in der himmlischen Welt zusammen. Den Hintergrund zeigt uns die Aussage der Offenbarung, die uns ebenfalls vom Sturz Satans aus dem Himmel erzählt (12,7ff), dazu aber auf drei Dinge hinweist, die in einem eng geschlossenen Zusammenhang stehen. Einmal ging dem Sturz Satans auf die Erde ein Kampf in der Himmelswelt voraus (12,7-9), andererseits führt er zu einer gesteigerten, gezielten und auf der Erde umfassend entfalteten Wirksamkeit des Bösen, der von Gott selbst Raum gegeben ist (12,12). Beide, auf den Satan bezogenen Aussagen werden jedoch vom himmlischen Jubel begleitet. Es sind der endzeitliche Herrschaftsantritt Gottes und die Machtübernahme durch seinen Gesalbten, den Messias, die diese vermehrte Wirksamkeit Satans auf der Erde auslösen. «*Jetzt* ist das Heil und die Kraft und die Herrschaft unserem Gott zuteil geworden und die Vollmacht seinem Christus. *Denn* der Ankläger unserer Brüder wurde hinabgeworfen...» (12,10).

Wir werden hier in der besonderen Sprache und Vorstellungswelt der Offenbarung auf die Transzendenz dieses Geschehens hingewiesen. Was sich in unserer sichtbaren Welt vollzieht, ist nicht die volle, nicht die einzige Wirklichkeit. Die Herrschaft Gottes, aber auch die Machtentfaltung des Bösen haben eine uns verborgene Dimension innerhalb der unanschaulichen Welt. Zu dieser Einsicht versucht die Bibel die Menschen zu erziehen. Es gehört zu den Schwächen der Christenheit, dass sie die Bindung an biblische Transzendenz nicht durchhält, ja sich den Zugang dazu durch rationale Denkformen noch verbaut. Damit ist auch die Einsicht in die biblisch bezeugte transzendente Dimension des Bösen verstellt. Die Kirche hat aber gerade in ihren Kämpfen immer gewusst, dass der ihr aufgetragene Kampf «nicht gegen Fleisch und Blut» allein geht, sich also nicht allein auf der Ebene der sichtbaren Schöpfung vollzieht.[30]

Auch eine zweite Einsicht muss uns deutlich werden. Die biblischen Texte sprechen zunächst nicht von einem Kampf, sondern halten die Aussage vom einmal erworbenen, entscheidenden und endgültigen *Sieg* Jesu durch. Er wird auch durch einzelne Niederlagen nie mehr in Frage gestellt. *Der endgültige Sieg liegt immer HINTER der Gemeinde Jesu und nur so auch VOR ihr.*

Der Sieg Jesu über das Böse beendet jedoch nicht den Kampf, sondern bringt ihn paradoxerweise erst recht in Gang, und zwar in einem ungeheuren, menschlich ungeahnten und unausdenkbaren Mass. Dem Sturz Satans aus dem Himmel folgt die Entfaltung der satanischen

Wirksamkeit auf der Erde. Das Neue Testament weiss um die Herrschaft des Satanischen und seine Entfaltung in unserer Welt auch und gerade NACH Kreuz und Auferstehung Jesu.[31] Gott hat nicht versprochen, seine Gemeinde aus dem damit einsetzenden Kampf herauszunehmen, wird ihr aber bewahrend beistehen und sie hindurchtragen (Offenbarung 12,13-17). Da der Kampf sich in besonderer Weise gegen die Gemeinde zuspitzen wird (12,17), wird derjenige verloren sein, der das Wort vom Sieg Jesu, vom feststehenden Herrschaftsantritt Gottes nicht durchhält (13,8-10).

Ohne diesen Hintergrund, der uns hier in seinen Zusammenhängen aufgezeigt und gedeutet wird, ist ein letztes Verständnis des Ganges unserer Geschichte, der Vorgänge in unserer Zeit, ja auch der Ereignisse, die sich in unserem eigenen Leben vollziehen, unmöglich. Wir stehen innerhalb von schweren Krisen, die über die Menschheit hereinbrechen. Dabei haben wir es mit Vorgängen zu tun, die sich jedem Versuch, sie rein rational zu durchdringen, verschliessen. Das Mass des menschlich noch Verstehbaren ist längst gesprengt.

Es ist, so deutet die Offenbarung diese Entwicklungen, gerade der Anbruch der Gottesherrschaft, der diese Gegenbewegung des Bösen hervorruft und das Böse aus seinen Tiefen an die Oberfläche des Weltgeschehens heraufkommen lässt.[32] Diese Vorgänge vollziehen sich umfassend im Bereich der Volks- und Weltgeschichte, greifen in ihren Auswirkungen aber tief in die Lebensgeschichte der Menschen hinein. Es handelt sich um einen Prozess ständiger Steigerung. «Jeder Versuch, das Böse ernstzunehmen, (wird) auf Gegenwehr des Bösen stossen...Jeder Sieg über das Böse verschlimmert die Situation für die Folgezeit» (O. Michel).[33]

Der Gang des Evangeliums soll nach der Verheissung Jesu von den Zeichen der Herrschaft Gottes, die die Überwindung des Bösen zeichenhaft sichtbar machen, begleitet werden (Markus 16,17ff).[34] Das bedeutet konkret, dass die Kirche *nie* nur zu predigen hat. Sie hat immer im Ringen mit all den Kräften, die sich der Herrschaft Gottes entgegenstellen, den Sieg Jesu zu bekennen, ihn zu bewahren und an seiner Verheissung unbeirrt festzuhalten. Es ist vor allem der Weg des Evangeliums durch die Geschichte bis heute gewesen, der in besonderer Weise den Widerstand des Bösen herausgefordert hat und es noch tut, auch wenn sich die Formen, in denen uns das Böse begegnet, im Laufe der Geschichte bzw. im Übergang zu verschiedenen Kulturen wandeln.

Wichtig für uns ist, dass wir in den damit verbundenen Auseinandersetzungen, vor allem in der Anfechtung, am erworbenen und endgültigen Sieg *Jesu* festhalten, von daher unseren Kampf führen lernen und uns den Blick für die Transzendenz dieses Geschehens nicht verstellen lassen.[35]

Wir erkennen an dieser Stelle, dass das Thema der Krankenheilung nicht isoliert abgehandelt werden kann. Es steht in der Bibel in viel weiteren Zusammenhängen und führt bewusst in diese Zusammenhänge hinein. Es gehört zu den Schwächen der meisten vorhandenen Arbeiten zu unserem Thema, dass diese Zusammenhänge entweder kaum gesehen oder sonst nur ungenügend deutlich gemacht werden. Damit kommt es zu Verkürzungen, die der Bibel nicht gerecht werden und sich für die Praxis als hinderlich erweisen.

3.7. KRANKHEIT UND DÄMONIE

Kehren wir zu den Berichten der Evangelien über die Wirksamkeit Jesu zurück. Jesu Wort vom Binden des Starken (Markus 3,27)[36] spielt auf ein alttestamentliches Wort an, das den ersten Hörern sofort klar vor Augen stand (Jesaja 49, 24f). Es meint im Zusammenhang des Evangeliums die Austreibung von Dämonen, die Befreiung von Besessenen.

Für unser Denken handelt es sich hier um zwei Bereiche, die zu unterscheiden sind. Einerseits sprechen wir von 'normalen' Krankheiten, andererseits von besonderen 'okkulten', vielleicht sogar von 'dämonischen' Bindungen. Diese Unterscheidung hängt mit unserer Geistesgeschichte zusammen, bleibt aber für unseren Umgang mit der Bibel problematisch. Eine Grenzziehung stösst auf Schwierigkeiten.

Einmal konnte man in der Umwelt des Neuen Testamentes hinter Krankheiten Dämonen und unreine Geister als Verursacher sehen. Im Neuen Testament selbst scheinen verschiedene Aussagereihen parallel zu bestehen. Manche Texte verbinden Aussagen über Besessenheit mit konkreten Krankheitssymptomen.[37] In anderen werden dieselben Krankheiten genannt, ohne dass der Text einen Hinweis auf Dämonie enthält. Die Zurückführung jeder Krankheit auf die Einwirkung von Dämonen scheint eher verwehrt.[38]

Ein ähnliches Bild ergibt sich, wenn man den Vorgang des Heilens durch Jesus betrachtet. Manche Aussagen über Jesu heilendes Handeln scheinen ganz einer Dämonenaustreibung zu gleichen (z.B. Lukas 4,39; 13,10ff). Dabei kann man fragen, ob es sich nicht doch um Krankheiten handelt (vgl. die Parallelen zu Lukas 4,39 bei Matthäus und Markus). Andererseits gibt es Aussagereihen, die offensichtlich zwischen Heilungen und Dämonenaustreibungen unterscheiden. Eine strenge Systematisierung des Befundes scheitert daran, dass das Neue Testament zwar Hinweise auf Grundakzente gibt, selbst aber an einer Systematisierung nicht interessiert scheint.

Über unsere unmittelbare Fragestellung hinaus ist für das Neue Testament eine Voraussetzung grundlegend. Hinter beiden, den 'natürlichen' und den 'dämonischen' Schwächezuständen wird die eine, Gottes Schöpfung zerstörende Macht Satans sichtbar, die im Anbruch des Reiches Gottes entmachtet wird. «Dazu ist der Sohn Gottes erschienen, dass er die Werke des Teufels zerstöre» (1. Johannes 3,8). Die Unterscheidung zwischen Krankheit und dämonisch verursachtem Schwächezustand besteht zu Recht, scheint aber nicht streng durchführbar zu sein. Die Grenzen sind zumindest fliessend. Beide sind vom Kampf Jesu um die Aufrichtung und Durchsetzung der Herrschaft Gottes betroffen. Darum gehören in unsere Überlegungen über die Krankenheilung die Berichte über die Dämonenaustreibungen mit hinein.

Nach der Verheissung des Alten Testamentes, die Jesus (nach dem Bericht des Lukas 4,18) zu Beginn seiner Wirksamkeit in Nazareth zitiert, werden mit dem Anbruch des Reiches Gottes «die Bande gelöst» werden (Jesaja 61,1).[39] Unter den «Banden», die im Text genannt sind, hat man einerseits das Binden Satans in Dämonie, vor allem in der Form der Besessenheit,[40] andererseits die «Banden des Todes» (vgl. Psalm 18,5; 116,16 u.a.) verstanden, die ja in Form der Krankheit mitten in unser Leben hereinschlagen.

Es zeigt sich, dass Jesus in den Prozessen der Krankheit eine Macht am Werk gesehen hat, die sich zerstörerisch gegen den Menschen und damit letztlich gegen Gott erhebt. Diese Macht kann so stark über einen Menschen kommen, dass er zeitweilig oder ganz seiner eigenen Persönlichkeit beraubt wird. Auch unsere Erfahrung, die sich in unserer Sprache niederschlägt, wird diese Sicht bestätigen. Schon ein Fieber kann uns 'regelrecht überfallen' und in kürzester Zeit unsere ganze Kraft rauben. Stimmungen 'kommen irgendwie über uns' und 'wir mussten einfach...'. Der Umgang mit suchtkranken Menschen zeigt uns, dass man mit Therapie und mit Medikamenten manche Hilfe leisten kann. Die Mächte, die zum Konsum von Drogen treiben, werden aber nicht gebrochen. Trotz grossem Einsatz an Zeit, Menschen und Mitteln bleiben die Heilungserfolge äusserst gering.

Jesu heilendes Handeln greift nicht bloss die Krankheit an, sondern greift hinter sie zurück und bindet die Mächte, die hinter dieser Krankheit stehen. Erst dadurch wird ein Mensch wahrhaft frei. Es zeigt sich erneut, dass die Heilungen ein Teil seines Kampfes gegen den Bösen sind, der sich aufgemacht hat, die gute Schöpfung Gottes zu zerstören. Jesus bringt die Herrschaft Gottes, die neue Schöpfung.

3.8. WARUM HEILTE JESUS AM SABBAT?

Die bisher gewonnenen Einsichten können uns zu einer Antwort hinleiten, warum Jesus ausgerechnet am Sabbat geheilt hat. Für den Sabbat galt ja, vom biblischen Gebot her, das Arbeitsverbot. Heilen aber fiel als Tätigkeit des Arztes unter die Liste der Arbeiten, die am Sabbat gemieden werden mussten. Man muss sich ja tatsächlich fragen, warum denn Jesus bei der Frau, die achtzehn Jahre von Satan gebunden war, nicht noch einen Tag zugewartet und so das religiöse Gefühl der Menschen geschont hat. Genau so empfiehlt es ja der Synagogenvorsteher: «Sechs Tage gibt es, an denen man arbeiten soll; an diesen nun kommet und lasset euch heilen und nicht am Sabbattag!» (Lukas 13,14). Nach pharisäischer Anschauung befreite konkrete Lebensgefahr vom Arbeitsverbot. Aber das lag bei den Sabbatheilungen Jesu in keinem Fall vor. Jeder der Geheilten hätte, so denken wir, gut noch einen Tag warten können. Warum hat Jesus gerade am Sabbat geheilt?

Das rechte Verständnis scheint sich von dem alttestamentlichen Wort her zu ergeben, das wir schon betrachtet haben, von Jesaja 61,1f her. Die Botschaft, die der Gesalbte, der Messias auszurichten hat, wird dort mit dem Ausdruck «Gnadenjahr des Herrn» zusammengefasst. Was ist damit gemeint?

Israel kannte eine eigenartige soziale Vorschrift, das Sabbatjahr und das Jubel- oder Erlassjahr.[41] Jedes siebente Jahr sollte der Ackerboden ruhen, also «dem Herrn einen Sabbat feiern» (Leviticus 25,2). Der hebräische Ausdruck Sabbat bedeutet ja 'Ruhe'. Nach sieben Sabbatjahr-Perioden soll dann das fünfzigste Jahr als umfassendes Erlösungsjahr ausgerufen werden. Der Besitz, den die Armen hatten verkaufen müssen, wurde wieder zurückerstattet. Ja, die Israeliten, die durch Verarmung sich selbst und ihre Familien als Knechte hatten verkaufen müssen, wurden wieder frei. Der Grundgedanke war, dass damit der

34

alte, ursprüngliche Zustand wieder hergestellt wird. «In diesem Halljahr sollt ihr ein jeder wieder zu seinem Besitz kommen» (25,13). *Schulden sollen nicht endgültig sein!* Verlust des Besitzes der Väter, es ging dabei vor allem um den Grundbesitz, durfte nicht die alte, von Gott gegebene Ordnung ausser Kraft setzen. Es gibt ein Jahr, in dem die alte Ordnung wieder hergestellt wird. «So sollt ihr das fünfzigste Jahr weihen und Befreiung ausrufen im Lande für alle, die darin wohnen; als Halljahr soll es euch gelten. Da sollt ihr ein jeder wieder zu seinem Besitz und ein jeder wieder zu seinem Geschlecht kommen» (25,10).

Das ist es, was Jesus in der Synagoge von Nazareth als Freudenbote ausruft, wenn er den Jesajatext vorliest. Nun ist «Erlassjahr», das Gnadenjahr des Herrn. Es ist das Jahr, in dem man wieder zur Ruhe kommen soll, zum 'Sabbat' findet und wo Ordnung in unsere menschlichen Verhältnisse kommen wird. Auf diesen grossen 'Sabbat', diese grosse Ruhezeit wartete man in Israel,[42] denn dann sollte auch im Verhältnis zwischen Gott und Mensch die alte Ordnung wieder einkehren. Dieses «Erlösungsjahr» war nach den Worten Jesu angebrochen: *Jetzt* ist es soweit (Lukas 4,21). Die Heilungen Jesu erweisen, dass nun wirklich die «Befreiung im Lande» (Leviticus 25,10) beginnt. Nun wird gelöst, was bisher gebunden war. Die alte Ordnung wird wieder hergestellt. Wahrhaftig, die Schuld erweist sich als *nicht endgültig.*[43]

Damit allein wäre aber nicht erklärt, warum Jesus gerade am Sabbat geheilt hat. Hätte er nicht erst recht am Sabbat ruhen sollen, wenn er doch den alten Zustand der Schöpfung wiederbringen wollte?

Eine letzte Antwort darauf zu geben ist wohl nicht möglich, da die Texte des Neuen Testamentes diese Frage nicht eingehend behandeln. Eine Stelle jedoch enthält zumindest einen leisen Hinweis. Bei der Heilung der Frau mit dem krummen Rücken sagt Jesus: «musste sie nicht *am Sabbattag* von dieser Fessel befreit werden?» (Lukas 13,16). Ist es gerade der Sabbat, an dem geheilt werden muss? Dem, was uns die Evangelisten über die Wirksamkeit Jesu erzählen, scheint das durchaus zu entsprechen.

Liegt die Antwort auf unsere Frage in der Schöpfungsgeschichte? Bei der Erwähnung des ersten Sabbats sagt der Text etwas Merkwürdiges. «Und Gott *vollendete* am siebenten Tage sein Werk, das er gemacht hatte, und er *ruhte* am siebenten Tage von all seinem Werk, das er gemacht hatte ...» (Genesis 2,2). Wir würden doch denken, Gott habe an sechs Tagen die Welt geschaffen, also sein Werk auch in diesen sechs

Tagen *vollendet*. Am siebenten Tag habe er sich davon nur noch ausgeruht. Aber das sagt der Text nicht. Gott hat am siebenten Tag nicht einfach geruht, sondern in dieser Ruhe über seinem Werk vollendete Gott dieses sein Schöpfungswerk. *Vollenden heisst nicht 'fertig machen', sondern über dem, was fertig geworden ist, 'zur Ruhe kommen'.* Die Vollendung der Schöpfung, die darin besteht, dass Ruhe einkehrt, ja dass Gott selbst darüber zur Ruhe findet, vollzieht sich am Sabbat. Wenn Jesus also die Schöpfung vollenden, die alte Ordnung Gottes wiederherstellen will, – und gerade das geschieht ja in seinen Heilungen – dann gibt es dafür im Grunde nur einen Tag: den Sabbat. Das würde auch erklären, wie stark Jesus in solchem Handeln den Platz Gottes für sich in Anspruch nimmt, ja das Urteil der Menschen mit Recht hervorruft, er würde sich an die Stelle Gottes setzen (vgl. Johannes 5,17f).

3.9. WIE HEILTE JESUS?

Die Berichte der Evangelien zeigen eine grosse Vielfalt der äusseren Form des Heilens. Jesus heilt durch blosses Befehlswort (Bedrohungen!), die manchmal auch mit körperlichen Berührungen[44] verbunden sind. Relativ oft kommt es zur Handauflegung. Auch andere Formen, z.B. das Berühren der Augen des Blinden[45] bzw. der Ohren und der Zunge beim Taubstummen[46] werden uns berichtet. Es kommt jedoch auch zu Heilungen, indem Menschen von sich aus Jesus berühren.[47] Die zehn Aussätzigen dagegen werden geheilt, «indem sie hingingen.»[48] Auch Fernheilungen werden berichtet, bei denen der Kranke überhaupt nicht anwesend ist. Von den Jüngern hören wir von Salbungen mit Öl,[49] die zur Heilung führen.

Überblickt man die verschiedenen Formen wird deutlich, dass es keine einheitliche 'Methode' Jesu gibt. Heilung ist nicht Frage einer Methodik.

Bemerkenswert bleibt jedoch, dass Jesus im Unterschied zu den Heilpraktikern seiner Zeit keine Beschwörungsformeln vollzog. Von ihm werden auch keine bindenden Austreibungs- oder gar Zauberformeln überliefert, die es sonst in seiner Umwelt in reichem Mass gegeben hat.[50]

3.10. WEN HEILTE JESUS?

Es ist auffallend, wie das Neue Testament an vielen Stellen betont, dass Jesus *alle, die zu ihm kamen,* geheilt hat. An *keinem* hat seine Macht zu

36

heilen versagt. Und *keinen*, der sich um Hilfe an ihn wandte, hat er mit einem anderen Bescheid von sich gewiesen. So sagt Matthäus «und er heilte *alle* Kranken» (8,16). Bei Lukas heisst es in der Parallele: «*Jedem von ihnen* legte er die Hände auf und heilte sie» (Lukas 4,40; vgl. Apostelgeschichte 10,38: «...und er heilte *alle*, die vom Teufel überwältigt waren»).[50a]

Bemerkenswert ist auch, dass Jesus keinen der Vorbehalte je gebraucht hat, mit denen wir oft zur Frage nach Heilung Stellung nehmen. Keinen Menschen, der mit der Bitte um Heilung zu ihm kam, hat Jesus mit einem anderen Bescheid weggesandt. Er heilte alle. Er hat auch niemand ärgerlich angefahren, als ob die Bitte um Heilung irgendwie ungehörig wäre. Jesus hat auch nie gemeint, mit der Bitte um körperliche Wiederherstellung bitte man um etwas Nebensächliches, das einem den Blick auf das Erstrangige, das Heil der Seele, verstellen würde.[51]

Das ganze Bündel unserer 'Vorbehalte', das Jesus offensichtlich nicht gekannt hat, muss noch besonders besprochen werden. Es kommen hier Probleme zur Sprache, die zum Teil eine lange Geschichte haben und die in der Seelsorge immer wieder auftauchen.[52]

Halten wir aber bereits fest: Jesus hat *alle* Kranken geheilt, die zu ihm gebracht wurden oder selbst zu ihm kamen. Jesus hat NIE eine Krankheit als von Gott zu irgendwelchen Erziehungszwecken verordnet bezeichnet. Jesus hat NIE gesagt, Krankheit könne einem Menschen zum Segen werden. Jesus hat sich zwar der Krankheit direkt voll Ärger zugewandt, aber nie einem Kranken, der sich um Heilung an ihn gewandt hat. Jesus hat die Bitte um Heilung auch nie als Bitte um etwas Zweitrangiges bezeichnet.

Man könnte diese Liste weiterführen. Sie sollte uns auf jeden Fall zu denken geben. Warum äussern wir solche Vorbehalte oft so schnell? Warum sind sie uns so geläufig?

3.11. HEILUNG VON KRANKHEIT UND DAS HEIL GOTTES[53]

Bedeutet die Betonung der Krankenheilung nicht ein Ablenken vom wahren Auftrag Jesu, vom eigentlichen Anliegen der Kirche, den Menschen das Heil Gottes zu bringen? Kann sich die Frage nach der Heilung, nach der körperlichen Gesundheit nicht konkurrenzierend vor die wichtigere Frage nach dem Heil schieben? Stehen wir nicht in Gefahr, aus Zweitrangigem Erstrangiges zu machen?

Auszugehen haben wir von der Feststellung, dass Gott den *Menschen* zu dessen Heil sucht. So einfach sich das sagen lässt, so wenig selbstverständlich ist es. Gott sucht nicht bloss die *Seele* des Menschen. Er hat ihn in der Ganzheit von Leib und Seele erschaffen. Dem Menschen in dieser seiner Ganzheit wendet er sein Heil zu.

Wenn Gott uns Menschen in Jesus Christus, seinem Sohn, sein Heil schenkt, dann bedeutet das, dass er uns aus der Verfallenheit an all das Böse, in dem wir stehen, herauslöst. *'Heil', das ist Gottes entschlossenes Nein zum Bösen in allen seinen Erscheinungsformen und allen seinen Auswirkungen.*

So zeigt es uns schon der wichtige Text Jesaja 53, der neben anderen Texten dem Selbstverständnis Jesu zugrundeliegt. Gesprochen wird vom «Knecht Gottes», der stellvertretend für die Menschen stirbt. «Er war durchbohrt um unserer *Sünden* und zerschlagen um unserer *Verschuldungen* willen» (5a). Das Böse wird wurzelhaft in der Schuld des Menschen vor Gott erkannt. Das ist jedoch nur eine Seite, wie der Text selbst zeigt. Einen Vers vorher lesen wir: «Doch wahrlich, unsere *Krankheiten* hat er getragen und unsere *Schmerzen* auf sich geladen...» und einen Vers später steht «...und durch seine Wunden sind wir *geheilt*». Die Vergebung der Schuld wird von der Heilung der Krankheit gleichsam eingerahmt, so als wollte uns die Bibel zeigen, dass von Gott her die Schuldfrage völlig in die Frage nach der Heilung unseres ganzen Menschseins eingebettet ist. Dieser Zusammenhang wird von Gott in seinem Handeln für uns auch beachtet.

Die Wirksamkeit Jesu bestätigt diesen Zusammenhang. Matthäus bezeichnet ausgerechnet die Heilungen Jesu als Erfüllung dieser Jesajastelle (Matthäus 8,16-17). *Heil und Heilung sind für die Bibel eine unlösbare Einheit.* Weil Gott unser Heil will, weil er dabei uns Menschen als ganze meint, will er, dass wir an Geist, Seele und Leib heile Menschen werden. «Auch in Bezug auf den Leib ist nicht Sünde, sondern Erlösung und Heil das letzte Wort.» (B. Häring)[54]

Unsere Bedenken, die Frage nach der Heilung würden vom 'Eigentlichen', dem Heil der Seele, wegführen, machen eines deutlich: In unserer Auffassung vom Menschen trennen wir das, was von Gott her so unlösbar zusammengehört. *Dieses Denken* hat in der Geschichte der Christenheit eine lange und problembeladene Vorgeschichte.[54a] Wir stehen in einer Tradition, die bis heute dazu neigt, den Leib des Menschen abzuwerten, ja als 'Gefängnis der Seele' aufzufassen.[55] Die Rückbesinnung auf die Bibel muss uns auch hier helfen, den rechten Massstab für unser Menschsein zu finden.

4. KRANKENHEILUNG DURCH JÜNGER UND GEMEINDE

4.1. HEILEN ALS AUFTRAG AN DIE JÜNGER

Die ersten drei Evangelien berichten von der Berufung und Aussendung der Jünger Jesu. Markus trennt zeitlich zwischen der Auswahl der Zwölf durch ihren Herrn und der späteren Aussendung. Zunächst heisst es: «Und er bestimmte die Zwölf, damit sie um ihn wären und damit er sie aussenden könnte zur Predigt (des Evangeliums) und mit der Macht, Dämonen auszutreiben» (3,13ff). Die Aussendung erfolgt erst später (6,7ff). Über die Durchführung dieses Auftrages durch die Jünger hören wir: «Da zogen sie aus und predigten, man solle Busse tun, und trieben viele Dämonen aus, salbten viele Kranke mit Öl und heilten sie» (6,12).

Die Parallele dazu finden wir bei Matthäus (10,5ff). Dort heisst es: «Wenn ihr aber hingeht, so prediget: 'Das Reich der Himmel ist genaht.' Heilet Kranke, wecket Tote auf, machet Aussätzige rein, treibet Dämonen aus.» (10,7f). In der Lukasparallele (9,1f) wird der Auftrag in die zwei Weisungen zusammengefasst: «...und er sandte sie aus, das Reich Gottes zu *predigen* und zu *heilen.*»

Lukas ist es, der uns über die Aussendung der zwölf Jünger hinaus von der Aussendung des grösseren Jüngerkreises der siebzig berichtet (10,1ff): «Und wo ihr in eine Stadt kommt und sie euch aufnehmen, da esset, was euch vorgesetzt wird, und *heilet* die Kranken, die darin sind und *saget* zu ihnen: 'Das Reich Gottes ist zu euch genaht!'» (10,8f).

Es ist unübersehbar: Den Jüngern wird *nie* der Auftrag erteilt, nur zu predigen. Der Auftrag wird immer in mindestens zwei Grundelemente zerlegt. *Verkündiget und heilt!* Das Reich Gottes soll den Menschen in der helfenden, befreienden Tat und im verkündigten Wort nahe kommen. Dieser Auftrag wird nicht nur gegeben, sondern nach dem durchgängigen Zeugnis der Texte auch in dieser doppelten Weise ausgeführt.

Zunächst gilt dieser Auftrag nur den zwölf bzw. den siebzig Jüngern. Wir haben das sehr ernst zu nehmen. Die Texte sagen nichts davon, dass der Auftrag später einmal auf andere Personen erweitert werden soll. Auch findet sich keine Notiz, dass er irgendwie über die unmittelbare Sendung hinaus zeitlich fortdauern soll. Alle erwähnten Texte beinhalten zunächst eine personelle Eingrenzung und eine zeitliche Beschränkung.

So müssen wir danach fragen, ob es im Neuen Testament Spuren davon gibt, dass dieser Auftrag über den zunächst engen Kreis hinaus erweitert wurde. Nur dann haben wir theologisch das Recht, dann aber auch die Verpflichtung, in diesen Texten nach der Grundlage für den Auftrag auch unserer heutigen Kirche zu fragen.

4.2. DER AUFTRAG GEHT WEITER

Eine Reihe wichtiger Texte sowohl aus den Evangelien, der Apostelgeschichte wie in den neutestamentlichen Briefen zeigen uns folgendes: Der zunächst auf den engen Jüngerkreis beschränkte Auftrag wurde als Auftrag des erhöhten Herrn an die ganze Gemeinde verstanden und von ihr auch ausgeführt.[56]

4.2.1. Der Missionsbefehl nach MATTHÄUS (28,18-20)

Der Text setzt damit ein, dass den elf Jüngern die Rechtsstellung ihres Herrn klar gemacht wird: «Mir ist alle Vollmacht sowohl im Himmel wie über die Erde (von Gott) gegeben» (18; vgl. dazu Offenbarung 12,10). Erst darauf folgt die Aussendung der Jünger: «Gehet hin und machet alle Völker zu *Jüngern*...» Mission bedeutet, dass die Völker in den Jüngerkreis eingereiht werden sollen. Das bedeutet etwas anderes, als dass die Völker zu 'Glaubenden' gemacht werden sollen. Dann wäre zwischen den *Jüngern*, denen der Auftrag zu verkünden und zu heilen gilt, und den übrigen, die durch ihren Dienst zu *Glaubenden* werden, eine Scheidewand aufgerichtet. Das aber soll vermieden werden: Der Glaubende soll ein Jünger, ein Schüler Jesu werden. So fährt der Text weiter: «...und lehret sie *alles* halten, was ich *euch* befohlen habe.»

Was ist es denn, was Jesus seinen Jüngern befohlen hatte? Nach der herkömmlichen Auslegung sind damit die Gebote der Bergpredigt (Matthäus 5 – 7) gemeint. Das trifft sicher zu. Aber kann dieses Wort Jesu ausschliesslich die Bergpredigt meinen? Offensichtlich verweist doch dieser Aussendungstext auf die frühere Aussendung der Jünger in Kapitel 10. «Gehet, ... *prediget* und *heilt*», so hatte Jesus zu ihnen gesprochen (10,5ff). Sicher, die anderen Anweisungen Jesu an die Jünger, die sich im Evangelium finden, sind hier nicht ausgeschlossen. Die Bezugnahme auf die erste Aussendung bleibt jedoch auffallend. Die dort gegebene Beschränkung der Sendung – «gehet hin zu den verlorenen Schafen des Hauses Israel» – wird nun bewusst aufgehoben: «Gehet hin und machet *alle Völker* zu Jüngern.» Der Missionsbefehl nimmt den Auftrag zu predigen und zu heilen auf und gibt ihn an die Menschen, die durch den Dienst der Jünger zu Glaubenden werden, weiter. Das Besondere ist die Erweiterung des 'geographischen' Geltungsbereiches der Sendung.

EXKURS: Zum Zusammenhang von vor- und nachösterlicher Sendung

Dass zwischen den Aussendungsreden Matthäus 10 und 28 ein enger Zusammenhang besteht, ist für das Verständnis grundlegend. Nur wenn er aufzuzeigen ist, dann können Anweisungen, die mit der Sendung von Kapitel 10 gegeben waren, auch für die erneute Sendung von Kapitel 28 Geltung haben. Dieser enge Zusammenhang soll darum hier näher aufgezeigt werden.

Betrachtet man die Texte, dann fällt zunächst der verschiedene geographische Horizont der Sendungen ins Auge. Beide setzen betont mit der Angabe dieses Horizontes ein: «Gehet nicht auf eine Strasse der Heiden und gehet nicht in eine Stadt der Samaritaner, sondern gehet vielmehr zu den verlorenen Schafen des *Hauses Israel*», lesen wir Matthäus 10,5f. Auch im Bericht der Heilung der Tochter der kanaanäischen Frau lesen wir von einer klaren Beschränkung der Sendung Jesu, die im Sprachgebrauch eng an Matthäus 10 anschliesst: «Ich bin nur zu den verlorenen Schafen des *Hauses Israel* gesandt» (15,24). Parallel dazu setzt 28,19 ein, erweitert aber den Horizont der Sendung: «Gehet also hin und machet zu Jüngern *alle Völker*.»

Wir stehen vor folgender Situation: Jesus bezeichnet für sich und seine Jünger *vor* Ostern ausdrücklich nur Israel als Raum seiner Sendung. *Nach* Ostern aber wird der Raum erweitert; allen Völkern gilt die Sendung der Jünger. Gibt es dafür eine Erklärung?

Zunächst müssen wir uns klar machen, wie man diese Frage zu stellen hat. Steht hinter der klaren Abgrenzung der einen Sendung in *zwei* geographische Geltungsbereiche ein bewusstes Nachdenken Jesu bzw. der Gemeinde, dann muss unsere Frage eine Frage an das Alte Testament sein. Denn dort hat Jesus, dort hat die Gemeinde den Willen Gottes für ihre Sendung vernommen. Unsere Frage muss also lauten, ob es in unserem Alten Testament dafür einen Hinweis gibt, der für die Sendung Jesu und der Gemeinde wichtig war und der gleichzeitig einen Hinweis auf eine geographische 'Neuordnung' bzw. 'Umordnung' der Sendung geben kann.

Mit dieser präzisen Fragestellung finden wir zu Jesaja und zum sogenannten zweiten Lied vom Knecht Gottes. Es scheint so zu sein, dass die Texte vom Knecht Gottes (vor allem Jesaja 42,1-4[5-9]; 49,1-6[7-9]; 50,4-9; 52,13-53,12) für das Verständnis Jesu und des Weges der frühen Christenheit von nicht zu überschätzender Bedeutung gewesen sind. Jesaja 42, 1-4 spricht von der Berufung des Knechtes und nennt den Geltungsbereich seiner Sendung: «auf Erden.. die fernsten Gestade..». Jesaja 49,1-6 greift die Frage des 'geographischen' Geltungsbereiches auf und führt sie weiter. Der Text betont, dass die Sendung zunächst *nur Israel* gegolten habe: «...um *Jakob* zu ihm zurückzubringen und *Israel* zu ihm zu sammeln...um die Stämme *Jakobs* aufzurichten und die Geretteten *Israels* zurückzubringen..»(Jesaja 49,5.6.) Diesen Auftrag führt der Knecht offensichtlich aus, aber er *scheitert* daran: «Umsonst habe ich mich gemüht, um nichts und nutzlos meine Kraft verzehrt;...» (Jesaja 49,4). Auf dieses Scheitern der Sendung des Knechtes, die betont nur Israel gilt, antwortet Gott aber damit, dass er den 'geographischen' Bereich der Sendung neu ordnet: «Zuwenig ist es, dass du...; so will ich dich denn zum Lichte der *Völker* machen, dass mein Heil reiche bis an das *Ende der Erde.*» (Jesaja 49,6)

Wir haben in Jesaja 49,1-6 die Sendungsstruktur vor uns, die uns im Verhältnis von Matthäus 10 und 28 ausdrücklich wieder begegnet. Am Anfang steht die Sendung, die nur Israel gilt, nicht aber über Israel hinausgeht. Sie führt jedoch zum Scheitern – und das ausgerechnet an Israel selbst. Angesichts dieses 'Scheiterns' aber geschieht das Erstaunliche. Gott selbst erweitert die Sendung: «..so will ich dich denn zum *Licht der Völker* machen, dass mein Heil reiche bis an das Ende der Erde.»

Die Deutung der Sendung Jesu und der Gemeinde von Jesaja 49,1-6 her findet sich nicht nur bei Matthäus. Paulus spricht davon, das Evangelium gelte «dem Juden *zuerst* und auch dem Griechen» (Römer 1,16). Reflektiert wird dieser Umstand von Lukas in der Apostelgeschichte dargestellt (Apostelgeschichte 13). Der Dreiklang: Sendung an Israel, Scheitern an Israel, Sendung zu den Heiden wird ausdrücklich mit einem Zitat aus Jesaja 49,6 begründet (Apostelgeschichte 13,47). Das

Wort Gottes an seinen 'Knecht' wird dabei nicht auf Jesus gedeutet, sondern als Anweisung für die Mission verstanden, in der auch Paulus und Barnabas stehen. «So hat *uns* der Herr geboten: 'Ich habe dich zum Licht der Heiden gesetzt, damit du zum Heil gereichest bis an das Ende der Erde.» Breit ausgefaltet begegnet uns dieses Verständnis der Sendung des Evangeliums bei Paulus in Römer 9-11.

Für unseren Zusammenhang ist folgende Einsicht wichtig. Es handelt sich hier *nicht* um zwei Sendungen, die zusammenhanglos aufeinander folgen. Es ist *dieselbe* Sendung, die in zwei Etappen erfolgt, welche sich vor allem durch die Neuordnung des Geltungsbereiches dieser Sendung voneinander unterscheiden. Das bedeutet für die Exegese von Matthäus 28, dass die inhaltliche Füllung der Sendung aus Matthäus 10 mit zu berücksichtigen ist. Matthäus 28 erwähnt *nicht alle* Elemente der Sendung, sondern lediglich die, welche ausdrücklich über die erste Sendung hinausgehen.

Als Beleg dafür, dass in der urchristlichen Sendung Elemente der vorösterlichen Sendung durchgehalten wurden, mag die Diskussion in 1. Korinther 9 dienen. Paulus weist auf das anerkannte 'Recht' hin, von der Verkündigung des Evangeliums zu leben, ohne nebenbei arbeiten zu müssen. Dieses Recht war in der urchristlichen Mission anerkannt und allgemein auch in Anspruch genommen worden (9,4). Paulus weist darauf hin, dass es sich dabei um eine 'Verordnung' handelt, die von Jesus selbst stammt: «So hat auch der Herr denen, die das Evangelium verkündigen, verordnet, vom Evangelium zu leben» (9,14). Diese Verordnung finden wir aber gerade *nicht* im Missionsbefehl. Es ist ein Element der vorösterlichen Sendung, das uns in der Sendung der 12 Jünger bei Matthäus (10,10b) und der 70 Jünger bei Lukas (10,7) begegnet. Es hatte für die nachösterliche Sendung weiterhin und unumstritten Geltung. Paulus anerkennt dieses Recht, nimmt aber für sich eine Ausnahmeregelung in Anspruch, die ausdrücklich begründet wird (9,12b).

4.2.2. Der Missionsbefehl nach MARKUS (16,15-20)[57]

In anderer Weise und mit anderen Begriffen bringt Markus denselben Sachverhalt zum Ausdruck. «Gehet hin in alle Welt und prediget das Evangelium allen, die erschaffen sind!» (Vers 15). Das Ziel dieses Verkündigungsdienstes ist, dass die Menschen zum Glauben kommen.

Man könnte nun, den Matthäustext im Ohr, denken, dass hier doch eine Unterscheidung zwischen den beauftragten Jüngern und den durch die Jünger gewonnen Glaubenden aufgerichtet wird. Dem ist aber nicht so, denn Markus fährt fort: «Denen aber, die gläubig geworden sind, werden folgende *Zeichen* folgen: In meinem Namen werden sie Dämonen austreiben; in neuen Sprachen werden sie reden; Schlangen werden sie aufheben, und wenn sie etwas Tödliches getrunken haben wird es ihnen nicht schaden; *Kranken werden sie die Hände auflegen und es wird gut mit ihnen werden.*» Es ist geradezu merkwürdig, dass hier explizit nicht von einer Weitergabe des Verkündigungsauftrages gesprochen wird. Auch die Frage der Heilung wird nicht, wie das bei Matthäus geschieht, unter dem Gesichtspunkt des Auftrages behandelt. In der Ausführung des Heilungsdienstes aber wird ein *Zeichen* gesehen, das die an Jesus Glaubenden begleitet.

Der übernächste Vers bestätigt, dass das nicht Verheissungswort geblieben ist, sondern im Dienst der Jünger Wirklichkeit wurde. «Sie aber zogen aus und *predigten* überall, indem der Herr mitwirkte und das Wort durch die begleitenden *Zeichen* bestätigte.»

Wir treffen hier auf ein wichtiges und oft zu wenig beachtetes Motiv, das über Matthäus hinausgeht. Das Wort, so sagt Markus, das die Jünger verkündigen, wird von Gott selbst *bestätigt*. Diese Bestätigung besteht nicht darin, dass Menschen unter dieser Predigt zum Glauben kommen, obwohl das sicher nicht ausgeschlossen werden soll. Markus sagt jedoch, die ausdrückliche Bestätigung habe darin bestanden, dass Gott für die Wirklichkeit, die er im Wort der Predigt ansagen lässt, auch die *Zeichen* setzt, an denen diese Wirklichkeit erkennbar wird. Das ist entscheidend wichtig. Die Menschen sollen hören, dass Gottes Herrschaft hereinbricht. Daneben stehen Krankenheilung und alle anderen genannten Folgeerscheinungen, an denen die hereinbrechende Gottesherrschaft mitten in der noch bestehenden alten Welt bereits zeichenhaft anschaubar wird.[58]

4.2.3. Die Berichte der APOSTELGESCHICHTE

Auch nach dem Bericht der Apostelgeschichte hält die Gemeinde an dem ihr gegebenen doppelten Auftrag fest. Die Wundertaten der Apostel werden meist summarisch erwähnt (2,43; 5,12), während Petrus in der Darstellung des geschichtlichen Ablaufes in den Vordergrund rückt.[59] Wichtig ist, dass der Auftrag schon sehr früh über den engeren

Jüngerkreis hinausgeht und Bestandteil im missionarischen Vorstoss bleibt. Namentlich werden Stephanus und Philippus erwähnt. «Stephanus aber, voll Gnade und Kraft, tat grosse Wunder und Zeichen unter dem Volk...» (6,8). Über den Evangelisationsdienst des Philippus in Samarien hören wir: «Die Volksmenge aber achtete einmütig auf das, was Philippus sagte, indem sie zuhörten und die Zeichen sahen, die er tat...» (8,6).

Wichtig ist der Apostelgeschichte die Darstellung des Dienstes des Paulus. Auch von ihm werden neben summarischen Angaben konkrete Berichte von Heilungen und die Nachricht einer Totenerweckung vorgelegt.[60] Auch über Barnabas hören wir, dass der erhöhte Herr durch ihn Heilungen vollzog.[61]

In diesem Zusammenhang soll noch ein Text hervorgehoben werden, der meist etwas in den Hintergrund tritt. In vierten Kapitel der Apostelgeschichte wird vom Widerstand des Hohen Rates gegen die Botschaft des Evangeliums berichtet. Die Heilung des Lahmen (Apostelgeschichte 3) führte zur Verhaftung von Petrus und Johannes. Sie wurden zwar wieder frei gelassen, doch war damit das erste Zeichen des Widerstandes gesetzt. Da kommt, so berichtet der Text, die Gemeinde zusammen, «und als sie es hörten, erhoben sie einmütig die Stimme zu Gott und sprachen...» (4,24). Was betet diese Gemeinde? Zunächst sehen sie zurück in die Schrift, auf Psalm 2. Dort ist gesagt, dass sich die Könige und die Fürsten der Erde zusammenrotten. Von diesem Bibeltext her blicken sie in die hinter ihnen liegende Geschichte, auf Jesus, «deinen heiligen Knecht, den du gesalbt hast.» Mit ihm hat das Zusammenrotten seinen Anfang genommen und gleichzeitig seinen Höhepunkt erreicht. «Und jetzt, Herr, sieh auf ihre Drohungen.» Es wäre verständlich, wenn die Gemeinde nun beten würde, dass diese Drohungen aufhören, dass alles sich beruhigt und zum Guten wendet. Die Gemeinde betet aber anders: «Und nun, Herr, sieh auf ihre Drohungen und verleihe deinen Knechten, dein Wort mit aller Freimütigkeit zu verkündigen...» – also die Bitte um die Möglichkeit der *Predigt*. Aber die Predigt soll auch hier nicht allein stehen! «...indem du die Hand ausstreckst zur *Heilung* und *Zeichen und Wunder* geschehen durch den Namen deines heiligen Knechtes Jesus. Und als sie gebetet hatten, erbebte der Ort, an dem sie versammelt waren, und alle wurden mit dem heiligen Geist erfüllt und verkündigten freimütig das Wort Gottes.» (4,29-31) Bis in ihr Gebet hinein hält die Gemeinde an dem ihr übergebenen einen Auftrag in seiner doppelten Entfaltung fest. Sie hat zu predigen und zu heilen – und sie hat das gewusst und durchgehalten.

45

4.2.4. Der Dienst des PAULUS nach seinen Briefen

Dass Zeichen und Wunder im Missionsdienst des Paulus eine wichtige Rolle gespielt haben, darauf macht bereits die Apostelgeschichte eindringlich aufmerksam. Unter kritischen Theologen wiegt dieser Hinweis oft wenig, da man die historische Zuverlässigkeit des Lukas anzweifelt oder gar völlig in Abrede stellt. Lukas habe, so wird argumentiert, die Wunderberichte aufgrund seiner eigenen theologischen Konzeption ausgestaltet oder gar selbst entworfen. In den Paulusbriefen würde doch das Wunderhafte stark zurücktreten, ja sei dort gar nicht vorhanden.

Dieses Urteil hält dem Zeugnis der paulinischen Briefe nicht stand. Dass ausdrückliche Wunderberichte in den Briefen nicht aufscheinen, darf uns nicht verwundern. Warum sollte er den Gemeinden, die selbst Augenzeugen dieser Taten geworden waren, nochmals von diesen Ereignissen schreiben? Die paulinischen Briefe sind keine Arbeitsberichte, keine 'Rundbriefe', wie sie heutige Missionare gerne versenden. Es sind Schreiben, die dort abgefasst wurden, wo konkrete Fragen vorlagen, wo Probleme besprochen bzw. Verhaltensweisen geregelt werden mussten.

Dass dabei Berichte von Wundern selten sind, darf uns also nicht verwundern. Trotzdem fehlen sie nicht ganz. Das hängt mit Angriffen zusammen, die Gegner des Paulus in seinen Gemeinden gegen ihn erhoben haben. Männer traten auf, die Paulus die Apostelwürde absprachen. Diese Angriffe, welche vor allem in seinem leidvollen Verhältnis zur Gemeinde in Korinth für uns deutlich werden, veranlassten Paulus, im Rahmen seiner Verteidigung folgenden Satz zu schreiben: «Die Zeichen des Apostels sind unter euch gewirkt worden in aller Ausdauer durch Zeichen und Wunder und machtvolle Taten» (2. Korinther 12,12). Ganz ähnlich stellt er sich der Gemeinde in Rom vor. Offensichtlich muss er auch hier ein verzerrtes Bild seiner Person und seines Dienstes korrigieren: «Ich werde nicht wagen, von etwas zu reden, was nicht Christus durch mich gewirkt hat, um die Heiden zum Gehorsam zu bringen durch *Wort und Tat*, in Kraft von *Zeichen und Wundern*, in Kraft des heiligen Geistes...» (Römer 15,18f). Die beiden Grundelemente des Auftrages Jesu werden auch hier genannt.

Zu erwähnen sind noch zwei Stellen, in denen Paulus ausdrücklich betont, seine Predigt habe nicht nur in Worten bestanden, sondern «in Erweisung von Geist und Kraft» (1. Korinther 2,4; vgl. 1. Thessalonicher 1,5). Auch hier kämpft Paulus dagegen an, dass man seinen Missionsdienst auf einen blossen Wort-Dienst einschränkt.

Inhaltlich geht Paulus nicht näher darauf ein, welche Art von Zeichen, von Wundern und Krafttaten er damit meint. Das wird für die Gemeinden, die seinen Dienst ja kannten, auch nicht nötig gewesen sein. Wir haben aber keinen Anlass, in ihnen andere Taten als die in der Apostelgeschichte berichteten zu sehen. Auch Lukas berichtet ja bewusst nur einen Ausschnitt aus der langen und vielfältigen Tätigkeit des Paulus.[62]

4.2.5. Heilungen in den PAULINISCHEN GEMEINDEN

Die paulinischen Briefe sind fast ausschliesslich Gelegenheitsbriefe, entworfen zu verschiedenen konkreten Anlässen, oftmals als Antworten auf Anfragen bzw. zur Regelung aktueller Probleme. Darum können wir aufgrund dieser Dokumente kein vollständiges Bild zeichnen, weder ein Gesamtbild der Theologie des Paulus noch ein Gesamtbild der Glaubens- und Lebenswirklichkeit seiner Gemeinden. Nur das taucht in diesen Briefen auf, was mehr oder weniger zufällig im Verlauf des Gespräches zwischen Paulus und seinen Gemeinden angesprochen wird.

Dennoch lässt sich einiges für unser Thema entnehmen. Heilungen werden im ersten Brief an die Gemeinde in Korinth erwähnt. Der grössere Zusammenhang (Kapitel 12 – 14) macht deutlich, dass die Auseinandersetzung um die konkret auftretenden Geistbegabungen – vor allem innerhalb des Gemeindegottesdienstes – eine korinthische Besonderheit war. Für die Regelung dieser Probleme scheint Paulus jedoch auf eine bereits vorliegende Tradition zurückzugreifen (z.B. 12,28), die ihrerseits auch für andere Gemeinden die umfassende Wirklichkeit charismatischen Lebens voraussetzt. Danach gehört zu den Gaben des Heiligen Geistes, die in der Gemeinde vorhanden sind, auch die «Gnadengabe zu Heilungen» (1. Korinther 12,9.28). Der Heilige Geist hat den umfassenden Dienstauftrag der Gemeinde durch besondere Begabungen unter den Gemeindegliedern verteilt. Wie der Dienst der Heilung konkret ausgeübt wurde, wissen wir nicht. Aber er gehörte zu den klaren Begabungen, um die auch die anderen Gemeindeglieder gewusst haben und deren Dienste sie in Anspruch nehmen konnten.[63]

4.2.6. Die Gemeindeanweisung bei JAKOBUS (5,14-16)

«Ist jemand unter euch krank, so lasse er die Ältesten der Gemeinde zu sich rufen, und sie sollen über ihm beten und ihn im Namen des Herrn mit Öl salben! Und das Gebet des Glaubens wird den Kranken retten, und der Herr wird ihn aufstehen lassen, und wenn er Sünden getan hat, so wird ihm vergeben werden. So bekennet nun einander die Sünden und betet füreinander, damit ihr gesund werdet! Viel vermag die Bitte eines Gerechten in ihrer Wirkung.»

Unabhängig von allen Detailfragen, die sich im Zusammenhang mit diesem Abschnitt des Jakobusbriefes stellen, lassen sich eine Reihe wichtiger und grundlegender Einsichten herausstellen.

Zunächst wird bestritten, dass Krankheit ein Privatproblem des Kranken ist. Sie wird als Aufgabe der Gemeinde angesehen und tritt gewissermassen in die Öffentlichkeit der Gemeinde. So wird der Umgang mit ihr im Aufgabenbereich der Ältesten geregelt. Im Leben der Gemeinde, wie sie Jakobus vor Augen steht, ist die Krankheit eines Gemeindegliedes so wichtig, dass der Umgang mit ihr in der Ordnung, unter die sich diese Gemeinde stellen soll, besprochen wird. «Vor der Erkrankung zieht sich die Christenheit nicht wehrlos zurück...Da sie auf den kommenden Bringer des Lebens wartet, schätzt sie das Leben als Gottes grosses Geschenk und kämpft für seine Erhaltung.» (A. Schlatter)[64]

An keiner anderen Stelle des Neuen Testamentes erhalten wir so konkreten Einblick, wie der Anweisung Jesu, dass die Gemeinde zu heilen hat, in ihrer eigenen Mitte entsprochen worden ist. Sie zeigt gleichzeitig, dass man diese Anweisung Jesu gekannt und befolgt hat.

Beachtenswert ist, wie stark in dieser Ordnung die Gewissheit durchscheint, dass man damit nach dem Willen des Herrn der Gemeinde handelt. Kein Wort fällt darüber, ob man nicht vorher nach der Absicht Gottes mit dieser Krankheit zu fragen habe. Dass Heilung der Wille Gottes sei, steht der Gemeinde unverbrüchlich fest. Kein Wort fällt auch darüber, was man tun solle, wenn Gott nicht heilt. Diese Frage hat hier – vor Gebet und Salbung! – offensichtlich keinen Raum. Es werden zwar Hinweise dafür gegeben, welche Voraussetzungen für das *Gebet um Heilung* nötig sind. Vor allem wird die Beichte erwähnt. Entgegen einer starken Auslegungs-Tradition ist hier an die gegenseitige Beichte derer gedacht, die mit dem Kranken beten, nicht an die Beichte des

Kranken selbst. Die Ältesten der Gemeinden haben die Schuld, die ihrem Gebet im Wege stehen kann, im Bekenntnis vor Gott und voreinander abzulegen. Sicher ist dem Kranken solche Beichte nicht verwehrt; aber an ihn ist hier zunächst nicht gedacht. Das Wissen um 'Gebetshindernisse' verdunkelt aber der Gemeinde nicht den ausdrücklichen Willen Gottes zur Heilung und seinen klaren Auftrag, unter den sie sich gestellt weiss.

4.2.7. Die JOHANNEISCHE TRADITION

Es hängt mit der Eigenart des johanneischen Schrifttums zusammen, dass hier nicht konkret von Heilungen durch die Gemeinde gesprochen wird. Schon das Johannesevangelium steht unter einem ganz bestimmten theologischen Interesse und bietet daher ausdrücklich nur eine Auswahl aus dem, was von Jesus zu berichten war (20,30f; vgl. 21,25). Auch die Briefe und die Offenbarung stehen unter konkreten Fragestellungen.

Dennoch lässt sich zeigen, dass auch die johanneische Tradition um den bei den Synoptikern klar ausgesprochenen Auftrag zur Heilung weiss. Der Empfang des Heiligen Geistes wird bei Johannes mit der Sendung der Jünger verbunden. Diese Sendung gliedert die Jünger in die Sendung Jesu ein. «Wie mich der Vater gesandt hat, so sende ich auch euch» (20,21f). Mit dieser Teilnahme an Jesu Sendung ist die Beauftragung zur Heilung implizit mitgegeben.

Über das Verhältnis von Jesu Wirksamkeit zu der seiner Jünger spricht auch der Vers Johannes 14,12: «Wahrlich, wahrlich ich sage euch: Wer an mich glaubt, wird die Werke, die ich tue, auch tun, und er wird grössere als diese tun...» Die Glaubenden werden die Werke des irdischen Jesus in seiner Sendung vom Vater her fortsetzen. Zu diesen *Werken* gehören aber nach Johannes in hervorgehobenenem Mass gerade die Heilungen.[65]

4.2.8. Die Notiz des HEBRÄERBRIEFES (2,4)

> *«... wobei Gott zugleich Zeugnis gab durch Zeichen und Wunder und vielerlei machtvolle Taten und Zuteilungen des heiligen Geistes nach seinem Willen.»*

Die Bemerkung des Hebräerbriefes ist uns wichtig, weil sie zeigt, wie auch eine von der synoptischen wie von der paulinischen Tradition verschiedene Überlieferung von der urchristlichen Wunderkraft Zeugnis gibt. Im Zusammenhang geht es um den Erweis der Glaubwürdigkeit und Geschlossenheit urchristlicher Verkündigung und Überlieferung bis zur Gegenwart des Hebräerbriefes. Die Zuverlässigkeit wird, so sagt der Text, dadurch verbürgt, dass Gott selbst eingreift und die Tradition «bezeugt». «Er greift ein durch Zeichen und Wunder, vielfache Kraftwirkungen und Zuteilungen des Heiligen Geistes nach seinem Willen» (O. Michel).[66] Die Nähe zu Paulus (1. Korinther 12) und vor allem zu Markus (16,20) ist äusserst auffallend. Auch hier hat es nicht den Anschein, als ob der Verfasser von einer Wirklichkeit spricht, die ihm und den Briefempfängern neu oder unbekannt ist. Auch wenn die «Zeichen und «Wunder» und die «machtvollen Taten» inhaltlich nicht näher ausgeführt werden, so ist vom gesamten neutestamentlichen Zeugnis in erster Linie an Heilungen zu denken.

4.3. ZUSAMMENFASSUNG

Das Neue Testament gibt uns Zeugnis davon, dass Jesus seinen Auftrag darin gesehen hat, «die Werke des Teufels zu zerstören» (1. Johannes 3,8). Darum enthält seine Wirksamkeit beide Elemente: *Im WORT wird die Herrschaft Gottes den Menschen angesagt. In der TAT kündigt sich dieselbe Herrschaft zeichenhaft an.*

Beide, das Wort und die Tat, werden zum Auftrag Jesu an seine Jünger und gehen über in den Auftrag der Gemeinde. Jesus hat in seiner irdischen Wirksamkeit «angefangen zu tun und zu lehren.» (Apostelgeschichte 1,1) Als der erhöhte Herr will er diese seine Tätigkeit in der Gemeinde, seinem Leib, fortsetzen. «Der *Herr* wirkte mit und bestätigte...» (Markus 16,20; vgl. Apostelgeschichte 4,29f).

Es gibt im Neuen Testament keinen Hinweis darauf, dass ein Element dieses Auftrages einmal überflüssig werden sollte. Gegeben ist der Auftrag, gegeben ist mit ihm auch die Verheissung Jesu.

TEIL II: KRANKHEIT UND HEILUNG IN DER GESCHICHTE

5. KRANKENHEILUNG IN DER KIRCHENGESCHICHTE

5.1. VORBEMERKUNG

Im Zusammenhang dieser Studie müssen wir uns auf einzelne Grundlinien für den Bereich der Kirchengeschichte beschränken. Der Abschnitt macht hoffentlich deutlich, wie wichtig eine umfassende Studie der zahlreichen Einzelbelege aus der Kirchengeschichte wäre. So lange wir kein gründlich erarbeitetes Gesamtbild besitzen, wird die Auffassung, wir hätten es mit einem 'Niedergang der urchristlichen Kraft' im Verlauf der frühen Geschichte zu tun, weiter kursieren können. Bereits ein kurzer Blick in die Quellen bzw. in vorliegende Einzelstudien könnte dieses Bild erheblich erschüttern, ja müsste es revidieren.

5.2. DIE EIGENART DER QUELLEN

Für unsere Kenntnis der kirchlichen Praxis in der Geschichte sind wir auf die uns vorliegenden Quellen angewiesen. Was uns schriftlich überliefert ist, sind neben einzelnen Lebensbeschreibungen (Viten) fast durchwegs lehrhafte Abhandlungen, Streitschriften, Auslegungen und kirchlich-offizielle Verlautbarungen. Dazu treten noch verschiedene liturgische Texte. So wissen wir vor allem über die einzelnen Lehrauseinandersetzungen relativ gut Bescheid. Was sich an gemeindlicher Lebenswirklichkeit dahinter verbirgt, ist zum Teil schwer auszumachen. Trotz dieser Quellenlage erfahren wir aber für unser Thema genug Einzelheiten, um wenigstens in Umrissen eine Geschichte der Krankenheilung innerhalb der Kirche skizzieren zu können.

5.3. HEILUNGSWIRKLICHKEIT IN DER KIRCHENGESCHICHTE

In Gesprächen und in theologischen Studien klingt es oft wie eine Selbstverständlichkeit: Heilungen und Dämonenaustreibungen, die Fülle geistlich-charismatischer Wirklichkeit gehören in die erste Phase der Kirchengeschichte. Es handle sich bei der Wirksamkeit Jesu und der Apostel gewissermassen um eine Gründungszeit, die unter anderen Notwendigkeiten gestanden habe. Mit der zunehmenden Festigung der Kirche hätten dann die Formen geistlicher Begabungen aufgehört. An

51

der geschichtlichen Entwicklung zeige sich also, dass Heilungen, ja überhaupt die Krafterweisungen der frühen Zeit *nicht* zu den konstitutiven Elementen der Kirche gehörten. Sie seien Bestandteil eines bestimmten Abschnittes der Heilsgeschichte, der aber hinter uns liege. Für die Kirche heute seien allein die Verkündigung, die Sakramente und der Glaube grundlegend.[67]

Der Blick in die Quellen selbst weist jedoch auf ein wesentlich anderes Gesamtbild hin. «Es steht ausser Frage, dass der Dienst der Heilung in der Kirche seine Fortsetzung gefunden hat» (M. T. Kelsey).[68] Von der frühen Zeit über das Mittelalter bis in unser Jahrhundert tauchen mehr oder weniger regelmässig die Berichte von Heilungen, Dämonenaustreibungen, ja von Totenauferweckungen auf. Aufgrund der uns vorliegenden Quellen kann man gerade nicht von einem 'Bruch' zwischen einem charismatischen 'Höhenflug' der Frühzeit und einer späteren kirchlichen 'Normalsituation' sprechen. Die vielen Berichte von Krankenheilung, die uns vorliegen, lassen auf eine viel weiter verbreitete Erfahrung schliessen.

Wichtig, weil sie aus lebendiger Anschauung kommt und unseren modernen Vorstellungen kräftig widerspricht, ist die Meinung Gregors von Nyssa (gest. nach 394), Heilungen seien geradezu das Haupttor, durch das Gotteserkenntnis dem Menschen vermittelt werde. Heilungen und Wunder müssten geschehen, damit die Menschen daran die Kraft erkennen, die hinter dem Wort und dem Sakrament der Kirche steht.[69]

Als Beispiel mag auch Augustin (354 – 430)[70] stehen. In seiner frühen Schrift 'de vera religione'[71] meinte er noch, Christen hätten nicht nach einer Fortdauer der Heilungsgabe Ausschau zu halten. Seine Argumentation ist stark von den griechisch-anthropologischen Anschauungen seiner Frühzeit geprägt. Gegen Ende seines Lebens berichtet er jedoch von 70 bestätigten Wundern innerhalb zweier Jahre seiner Bischofszeit in Hippo.[72] In den 'retractationes',[73] in denen er zu seinen früheren Werken kritisch Stellung nimmt, zieht er seine Aussagen aus 'de vera religione' ausdrücklich zurück.[74]

Ein 'Bruch' in der geistlichen Erfahrung zwischen neutestamentlicher und frühkirchlicher Zeit lässt sich nicht feststellen. Die Interpretationen, die das behaupten, sind fast durchwegs an geschichtsphilosophischen Schemata orientiert. Solche Konstruktionen haben zwar Überzeugungskraft und ein zähes Leben, halten aber der viel grösseren Differenziertheit geschichtlicher Vorgänge nicht stand. Im Blick auf die

Frage nach der Krankenheilung werden sie durch eine Überfülle konkreter Belege als falsch erwiesen. Die Studie, die M. T. Kelsey für den Bereich der Kirchengeschichte durchgeführt hat, macht auf eindrückliche Weise deutlich, wie eine ununterbrochene Erfahrung geistlicher Krankenheilung die Kirchengeschichte durchzieht. Berichte zahlreicher Heilungen verbinden sich mit berühmten Namen, die für uns mit ganz anderen Tätigkeiten verbunden sind: Anselm von Canterbury, Bernhard von Clairvaux, Dominikus, Franz von Assisi, Antonius von Padua, Thomas von Hereford, Edmund von Canterbury, Richard von Chichester, Franz Xaver, Vinzenz von St. Paul, Katharina von Siena, Luther, Philipp Neri, Franz von Sales usw.[75]

5.4. DIE GEÄNDERTE AUFFASSUNG

Will man von einem 'Bruch' in der Auffassung geistlicher Krankenheilung sprechen, und vielleicht muss man das sogar tun, so wird man sorgfältiger, als das gewöhnlich geschieht, nach den Gründen für diese Entwicklung fragen müssen. Auch im Blick auf die Datierung eines solchen 'Bruches' wird man differenzierter als bisher zu urteilen haben. Auf drei Elemente, die für die Entwicklung grundlegend waren, sei hier aufmerksam gemacht: den Leidensdruck, den Einfluss griechischer Anthropologie und den Einbruch des aufklärerischen rationalen Denkens.

In den grossen Kriegs- und Pestzeiten Europas legte sich ein Druck auf die Bevölkerung, der es manchem zweifelhaft scheinen liess, ob das Geheiltwerden von Krankheit und damit das Weiterleben im oft grenzenlos erscheinenden Elend für den Menschen die bessere Lösung sei.

Eine schon länger vorbereitete Eigenheit christlicher Theologie erhielt zunehmende Kraft. Schon früh verband sich christliche Theologie mit philosophischen Denkformen und übernahm in der Auseinandersetzung zwangsläufig auch Denkinhalte der griechischen Tradition. Damit lag eine Verformung biblischer Anthropologie (der biblischen Auffassung vom Menschen) nahe. Der Leib trat als zweitrangig hinter den ungeheuren Wert der Seele als dem Eigentlichen und Bleibenden des Menschen zurück.[76] Allerdings ist sogleich anzumerken: Bis weit ins Mittelalter hinein konnte sich diese Linie der Anthropologie wegen der Treue gegenüber den biblischen Aussagen nie ungebrochen entfalten. Es gibt erstaunliche Texte, die an der These der durchgängigen Hellenisierung des Christentums und der Verfremdung biblischen

53

Denkens durch die Übernahme griechisch-philosophischer Grundlagen erhebliche Zweifel aufkommen lassen. Die Tatsache, dass Gott selbst in Christus Mensch wurde und unser Fleisch annahm, bewahrte die christliche Theologie davor, in eine philosophische Abwertung des Leibes abzugleiten.[77]

Sosehr die christliche Tradition einer einfachen Übernahme griechisch-anthropologischer Anschauungen widerstand, blieb doch ein Zug zur Geringschätzung des leiblichen Lebens gegenüber der 'Seele', der im Zusammenhang mit dem Leidensdruck verstärkt zur Wirkung kommen konnte.

Unter dem Einfluss der frühen und mittelalterlichen Theologie kam es jedoch noch nicht zu einem eigentlichen 'Bruch' in der christlichen Tradition, wenn sich auch diese Entwicklung durch die Jahrhunderte hindurch vorbereitet hat.[78] Die biblisch-christliche Tradition blieb für Denken und Leben dennoch massgebend. Das hatte wohl nicht zuletzt auch darin seinen Grund, dass man innerhalb des philosophischen Denkbereichs die Geltung der griechisch-metaphysischen Tradition nicht in Zweifel gezogen hat. Erst mit dem Übergang zur Neuzeit begann eine geistige Umorientierung, die sowohl in den philosophischen, als auch in den geistlichen Fragen zu einer Orientierungslosigkeit führte, über deren Wurzeln wir uns viel klarer werden müssen.[79] Das, was man mit Recht als 'Bruch' in der Auffassung christlicher Krankenheilung bezeichnen kann, vollzog sich wohl erst mit diesem Einbruch des aufklärerisch-rationalen Denkens, dem von christlichem Glauben und von christlicher Theologie her merkwürdig wenig Substanz entgegengesetzt wurde. Wie stark sich dieser Einbruch auswirkte, macht nicht zuletzt der ältere Pietismus deutlich, der trotz grossem biblischem Wissen und reicher geistlicher Erfahrung eine gewisse Geringschätzung der Leiblichkeit des Menschen nicht überwunden hat.[80] Trotz des Rufes, zur Bibel und zu ihrer Praxis zurückzukehren, blieb man in den Fragen der Leiblichkeit merkwürdig sprachlos.

5.5. LUTHERS ERFAHRUNG MIT KRANKENHEILUNG

Unter den wenigen kirchengeschichtlichen Beispielen, die hier aufgeführt werden, soll Luther ausführlicher zu Wort kommen. Die Äusserungen über Krankenheilung, die wir von ihm besitzen, sind sowohl für die Frage nach Krankenheilung innerhalb einer Gemeinde, als auch für die Beurteilung Luthers wichtig.

54

Obwohl Luther die Existenz einer speziellen Gabe der Krankenheilung für seine Zeit abgelehnt hat, war sein Glaube an die Kraft Gottes und die Wirksamkeit des Gebets ungebrochen. So erlebte er 1540, wie Melanchthon durch seine Gebete buchstäblich dem Tod entrissen wurde.

Wichtig ist ein Brief, den wir aus Luthers letztem Lebensjahr besitzen und der eine ausgeführte, praktische Anweisung zur geistlichen Krankenheilung enthält. Sie ist im Blick auf die gemeindliche Situation seiner Zeit anhand von Jakobus 5,14ff entworfen. Interessant ist Luthers Hinweis, man würde in Wittenberg ebenso vorgehen. Er nimmt also auf eine bereits gehandhabte Praxis Bezug. Der Text wird hier um seiner Bedeutung willen vollständig zitiert.

«Dem würdigen Ern. Schulzen, Pfarrer zu Belgern, meinem günstigen, guten Freund.

Gnade und Friede im Herrn und Jesus Christus! Ehrwürdiger Herr Pastor! Es hat mir der Schösser zu Torgau und der Rath zu Belgern zugeschrieben und vor die Frau Hans Kornerin gebeten, ihr guten Rath und Trost zu geben, damit ihrem Manne möchte geholfen werden. Nun weiss ich wahrlich keinen weltlichen Trost, und wo die Ärzte nicht Hülffe wissen, so ist es gewiss nicht eine schlechte Melancholie (gewöhnliche Melancholie), sondern vielmehr ein versuchlicher Angriff des Teufels, dem man durch Gebete des Glaubens in der Kraft Christi begegnen muss. So machen wir es und pflegen es so zu machen. Es war nämlich hier ein Schmuckkästchenmacher so (wie Herr Korner) vom Wahn ergriffen. Den haben wir durch das Gebet in Christus geheilt. Darum mach es bitte folgendermassen: Gehe hin zu ihm mit dem Hilfsprediger und zwei oder drei guten Männern – du in der gewissen Zuversicht als Inhaber des öffentlichen geistlichen Amtes und als Ortspastor –, lege ihm die Hände auf und sprich: «Friede sei mit dir, lieber Bruder, von Gott, unserem Vater, und vom Herrn Jesus Christus!» Danach bete mit vernehmlicher Stimme über ihm das Glaubensbekenntnis und das Vaterunser. Zum Abschluss sage dann: «Gott, allmächtiger Vater, der du zu uns gesagt hast durch deinen Sohn: 'Wahrlich, wahrlich, ich sage euch: wenn ihr den Vater um etwas in meinem Namen bittet, so gibt er es euch' – und ein ander Mal durch ihn uns geheissen und genötigt hast zu beten: 'Betet und empfanget', ebenso Psalm 50,15: 'Rufe mich an am Tage der Trübsal, und ich reisse dich heraus, und du verherrlichst mich' –, darum beten wir unwürdigen Sünder auf das Wort und den Befehl deines Sohnes zu deiner Barmherzigkeit mit aller Kraft unseres Glaubens: würdige diesen Menschen, dass du ihn von allem Übel befreist und das Werk Satans in ihm zerstörst zur Ehre deines Namens und zum Wachstum des Glaubens und der Heiligen durch denselben unseren Herrn Jesus Christus, deinen Sohn, der mit dir lebt und regiert von Ewigkeit zu Ewigkeit, Amen.» Dann gehe weg, lege ihm die Hände auf und sage noch einmal: 'Die Zeichen, die denen, die da glauben, folgen, sind diese: auf die Kranken legen sie die Hände, und es geht ihnen gut.' Dieses wiederhole bis zu dreimal täglich. Ausserdem bete im Gemeindegottesdienst von der Kanzel, bis Gott erhört. Wir vereinigen uns ganz und gar in Fürbitte und Gebet mit aller unserer Glaubenskraft unaufhörlich in Gott. Leb wohl! Einen anderen Rat habe ich nicht, der ich bin – usw. 1545.»[81]

Martin Doebert, der auf dieses Dokument mehrfach aufmerksam gemacht hat, bemerkt dazu: «In diesem Brief Luthers ist alles enthalten, was zur rechten geistlichen Diagnose und geistlichen Therapie gehört. Der Brief ist 1545 geschrieben, mutmasslich Anfang Juni. Er gehört also in das letzte Lebensjahr Luthers. Was er schreibt, schreibt er als erfahrener Mann. Was er uns mitteilt, ist Ergebnis seines theologischen Denkens und der aus einem solchen Denken erwachsenen Praxis. Das ist für uns beachtlich.»[82]

5.6. DIE SICHT DES ÄLTEREN PIETISMUS

Eine gute und umfassende Studie über den älteren Pietismus verdanken wir Endre Zsindely[83]. Sie weist auf wesentliche Eigenheiten dieser Zeit hin, die bis in unsere heutigen Anschauungen von Krankheit und Krankenheilung prägend geblieben sind. In einem geschichtlichen Überblick, in dem er bis auf die Reformation zurückgeht, zeigt er, wie die Leibesverachtung gerade im Pietismus stark zunimmt. Diese Entwicklung war im calvinistisch-reformierten Teil (Neander, Tersteegen) weit stärker ausgeprägt als im lutherischen Pietismus.[84]

Theologisch hat der Pietismus die Krankheit auf Gott zurückgeführt, wobei die Sünde als eigentliche Ursache erkannt bleibt. Drei Motive werden genannt, warum Gott Krankheit auf einen Menschen legt. Entweder ist sie *Strafe*, oder *Züchtigung* oder aber das *Kreuz* des Christen.[85]

Als *Strafe* müssten wir Krankheit ansehen, da sie «entweder...eine allgemeine frucht der sünden, oder zuweilen eine besondere straff einer gewissen sünde seye» (Spener).[86]

56

Weitaus am häufigsten wird Krankheit als *Züchtigung* gedeutet. Damit wird sie als Zuchtrute des Vaters, ja als Kennzeichen der Liebe Gottes aufgewertet. Schriftstellen wie Sprüche 3,12 und vor allem Hiob 33,15ff stehen im Vordergrund.[87]

Krankheit könne aber auch *Kreuz* sein, so sagt der frühe Pietismus, die der fromme Kranke mit Geduld, ja mit Freude tragen müsse. «Die Tendenz der urchristlichen Leidenssprache, 'die Anfechtungen des Jüngers vom Heilsplan Gottes aus zu verstehen und einzuordnen' (O. Michel), wurde damit so weit getrieben, dass nun auch die Krankheiten des Christen als ein Teil des Leidens Christi galten, die durch Ihn geheiligt worden sind.»[88] Gegen diese, im Pietismus weit verbreitete und wohl bis heute sich hartnäckig behauptende 'religiöse Interpretation' der Krankheit wandten sich bereits damals Zinzendorf und der Schwede Nils Grubb.[89]

Wichtig ist, dass im Pietismus das Problem der Krankheit vor allem vom Gesichtspunkt der Seelsorge aus betrachtet wurde. Die zeitgenössische Krankenliteratur geht beinahe durchgehend von der Frage aus, welche Pflichten dem Kranken durch seine Krankheit zukommen.[90] Als Hauptpflichten werden Busse und Gebet angesehen, wobei auf ersterem der Nachdruck liegt. Die Möglichkeit des Gebets um Linderung bzw. gar um Heilung wird, wenn überhaupt, nur nebenbei erwähnt. Die pietistische Krankenliteratur, die damals weit verbreitet war, geht meist ausführlich auf Jakobus 5,14-18 ein.[91] Doch trotz dieses kaum zu missverstehenden Textes entfaltete der Pietismus daran eine Regelung der Busspraxis (!) für den Kranken. Das Gebet soll zwar der Aufmunterung des Kranken dienen, der 'Seelen-Cur'. Dass hier das Gebet um Heilung des Kranken gemeint ist, wird jedoch kaum gelten gelassen.[92] So kommt man zum Ergebnis: «Aus all diesen Auslegungen wird es klar, dass den Pietisten nicht nur jede Art von Gesundbeterei, sondern auch der gesunde Realismus des Jakobus fernstand.»[93]

Blickt man von der offiziellen Krankenliteratur des Pietismus in das, was wir von seiner lebendigen Praxis wissen, so ergibt sich ein nur wenig verschobenes Bild. Im Zeitalter des aufgeklärten Rationalismus geriet das Wunder sofort in den Verdacht der Schwärmerei. So stark im Pietismus das Gebet und auch die Gebetserhörung betont wird, tritt doch merkwürdigerweise die Krankenheilung durch Gebet in den Hintergrund.[94] Obwohl auch im Pietismus Heilungen erfahren werden, gelten sie doch als Ausnahme. «Die Gebetsheilungen gehörten nicht in das Programm der Pietisten» (Zsindely).[95] Das bleibt merkwürdig angesichts der grossartigen Leistungen auf diakonischem Gebiet, auf dem der frühe Pietismus sich den Krankheitsnöten intensiv zugewandt hat.

Die 'Ausnahmen', die zum Teil ausserordentliche Erfahrungen durchblicken lassen, werden von Zsindely dargestellt. Neben Oetinger, über den eine Reihe von Einzelberichten vorliegt (zum Teil weisen seine Erfahrungen schon auf Blumhardt),[96] setzte Reichsfreiherr Christoph Karl Ludwig von Pfeil, bezeichnenderweise ein Nichttheologe, entscheidende Akzente. Er wandte sich schroff dagegen, im Gebet um Heilung die Bedingung 'Wenn es dein Wille ist' einzufügen. Aus dem Neuen Testament trat für ihn der Wille Gottes zur Heilung der Menschen so eindeutig entgegen, dass er eine solche 'Bedingung' nur als Zeichen des Unglaubens gegenüber dem Bibelwort werten konnte.[97] Wichtig ist auch die Darstellung der Brüdergemeinde, in der man in grosser Nüchternheit auch mit der Heilung von Kranken rechnete, ja in deren Mitte man das unmittelbar von Gott geordnete Amt der 'Wundertäter' gekannt hat (so nach einem Bericht Oetingers über seinen Besuch in Herrnhut).[98]

Dass es im Bereich des radikalen und schwärmerischen Pietismus, vollends in den Reihen der 'Inspirierten' zu Heilungen kam, wird nicht verwundern.[99] Aber auch in dem so nüchternen Halle kannte man Gebetsheilungen, dort vor allem im Zusammenhang mit den Medikamenten der Waisenhausapotheke.[100] Ebenso wissen wir aus dem Umkreis Bengels von Heilungen, bei denen eine Frau, Beata Sturm, hervortrat.[101]

Zsindely kommt in seinem Überblick zum Ergebnis, dass im protestantischen Raum Gebets- und Wunderheilungen durchaus zur bleibenden Erfahrung gehörten, wenn auch die Theologie, gerade auch innerhalb des Pietismus (!), damit nicht fertig wurde.

Wichtig ist der Hinweis, dass innerhalb der katholischen Kirche im 18. Jahrhundert die Krankenheilung einen wesentlich grösseren Raum einnahm, als das in den reformatorischen Kirchen der Fall war. Die Geistlichen Pater J. J. Gassner und Fürst Alexander von Hohenlohe-Waldenburg sind neben dem Schweizer Bauern Niklaus Wolf von Rippertschwand die bekanntesten Gestalten des deutschen Sprachraums dieser Zeit.[102] Ihre Geschichte zeigt jedoch, dass auch sie innerhalb ihrer Kirche stark mit dem aufklärerisch-rationalen Denken in Konflikt kamen.

Etwas vom Geist und der Haltung dieser Männer wird aus einem Satz Niklaus Wolfs deutlich: «Sie (die Kranken) sollen denken, es sei in der

Kirche Gottes Kraft genug, sie von ihrem Übel zu befreien...» Obwohl auch er, wie der Pietismus, sich vor einer Verabsolutierung der Heilungsgabe gehütet hat und auch vom geduldigen Leiden und Bejahen der Krankheit sprechen konnte, dringt er mit seinem Heilungsdienst dennoch in grosse biblische Weite: « Jesus hat den Kranken, die zu ihm kamen, nicht gesagt, leidet geduldig, sondern er hat sie gesund gemacht, *damit sein Vater verherrlicht werde und er durch den Vater.*»[103]

5.7. DIE BEIDEN BLUMHARDT

Nachhaltige Wirkung hatte die Tätigkeit von Blumhardt Vater (1805 – 1880) und Sohn (1842 – 1919) in Möttlingen und später in Bad Boll. Durch ihre seelsorgerliche und verkündigende Wirksamkeit scheinen erstmals auch weitere Kreise innerhalb der Kirchen die Frage nach Krankenheilung ernstgenommen zu haben. Dass nicht nur die Verkündigung allein, sondern *die Hoffnung auf konkrete Erfahrung der KRAFT Gottes* unsere Kirchen prägen müsste, ist durch ihre Wirksamkeit ins Bewusstsein von vielen Menschen gekommen und trägt bis heute seine Frucht.

Im Rahmen dieser Arbeit kann die Geschichte der Blumhardts nicht erzählt werden. Wichtig bleibt für uns, dass der Ruf 'Jesus ist Sieger' als Fanfare der Hoffnung in die Kirche und in die Menschenherzen hineingerufen wurde. *Der Blick war nicht auf Krankheit, nicht auf Heilung, nicht auf Wunder konzentriert, sondern auf den Herrn der Kirche, der in seinen Verheissungen ernst genommen wurde.*

Wie wenig solcher Glaube und solche Hoffnung jedoch 'automatisch' zur Wirkung kommen, zeigt der Verlauf der Möttlinger Geschichte. Grundzüge, wie sie uns von der Bibel her vertraut sind, taten sich neu auf. Am Anfang stand der Kampf um einen einzelnen Menschen, ein Kampf mit den sich bis ins Leibliche hinein äussernden Mächten der Finsternis. Dem wurde nicht mit Techniken begegnet, sondern mit dem nüchternen Gebet, mit Bibellesung und dem Festhalten an der Hoffnung, dass in Jesu grossem, umfassenden Sieg auch der Sieg für diesen einzelnen Menschen eingeschlossen sei. Dieser 'Kampf', der sich in mehreren Phasen über zwei Jahre hinzog, endete mit einem entscheidenden Durchbruch und Sieg, der für die betroffene Frau eine umfassende und bleibende Heilung brachte: eine Heilung für ihr ganzes Menschsein im leiblichen, seelischen und auch im geistlichen Bereich. Heil und Heilung zeigten sich als völlige Einheit.

Wichtig ist der Fortgang dieser Geschichte. Der Kampf um diesen einzelnen Menschen und der Sieg in diesem Einzelfall hatte seine Bedeutung weit über ihn hinaus. Er bedeutete gewissermassen einen 'eschatologischen Klimawechsel'. Um es in Blumhardts stark von der Bibel herkommenden Sprache auszudrücken: Der verschlossene Himmel öffnete sich; am Himmel wurde eine 'Tür' aufgetan, durch die die Kräfte der himmlischen Welt direkt ins Pfarrhaus nach Möttlingen und später auch nach Bad Boll kamen. Der Sieg in diesem einzelnen Fall erwies sich als der entscheidende Zusammenbruch einer Organisation des Bösen. Nun konnte man daran gehen, auch im weiteren Umfeld aufzuräumen.[104] Dank der umfassenden und in der Ganzheit der Bibel verwurzelten Sicht Blumhardts wurden Heilungen von Krankheitsnöten erhofft und gewissermassen als 'Normalfälle des Reiches Gottes' auch erfahren, aber nie isoliert und zu Besonderheiten aufgewertet. Alles stand in dem grossen Zusammenhang der Bitte des Gebetes Jesu: Dein Reich komme, deine Herrschaft breche endlich sichtbar, erfahrbar, alles Böse auch endgültig überwindend herein.

Im selben Zusammenhang ist auch die Hoffnung der beiden Blumhardt auf eine 'Neuausgiessung des Heiligen Geistes' zu sehen. Der Blick war auf die grossen Zusammenhänge des Reiches Gottes gerichtet, die Hoffnung stark von der Bibel, ihren Anschauungen und ihrer Sprache geprägt. Die erfahrene Hilfe wurde sogleich als 'Angeld' dessen verstanden, was Gott noch weit darüber hinaus möglich war und nun erst recht von ihm erhofft und erbeten werden sollte. «Seit Jesus ist alles möglich», so sagt der Sohn einmal. Das ist bei ihm nicht ein leicht hingeworfener Satz als Ausdruck einer abstrakten Theologie. Er macht deutlich, worauf das Leben und die Wirksamkeit der Blumhardts zentriert war und immer neu ausgerichtet wurde: «Seit Jesus ist alles möglich.»[105]

Was Blumhardt Vater und Sohn erfahren haben, das geschah auch da und dort während des ganzen Verlaufes der Kirchengeschichte. Ihre Besonderheit, ja in gewissem Sinn vielleicht sogar ihre Einmaligkeit liegt darin, dass diese Erfahrungen endlich nicht isoliert, sondern in die Weite der biblischen Zusammenhänge des Reiches Gottes hineingestellt wurden. Darin liegt ihre Aktualität bis heute. Erfahrungen selbst kann man nicht kopieren und soll es auch nicht tun. Die Wirksamkeit der Blumhardts lässt sich jedoch nicht in den Bereich bloss persönlicher Erfahrungen abschieben. Es sind Ausprägungen dessen, was der Kirche Jesu Christi als grundlegender Auftrag für ihren Weg durch die Geschichte mitgegeben worden ist. Was der ganzen Kirche galt und bis heute gilt, das wurde hier gelebt und im Bewusstsein dieser Bedeutsamkeit auch durchgehalten. *Der ganzen Kirche galt es und gilt es bis heute.* In der Frage nach einer Erneuerung der Praxis in unseren Gemeinden werden wir den umfassenden Blick und die konkreten Einsichten der beiden Blumhardt ernst nehmen.[106]

5.8. EINZELNE HEILUNGSERFAHRUNGEN

Im deutschen Sprachraum wurden weitere Erfahrungen von Krankenheilung bekannter, die zum Teil bis heute bedeutsam geblieben sind.

Im süddeutschen Raum traten besonders Vater Stanger in Möttlingen und Johannes Seitz in Teichwolframsdorf hervor. Beide wurden auch weit in die Schweiz hinein bekannt und von hier aus aufgesucht. Zu nennen ist auch Henriette von Seckendorff in Cannstatt.[107]

Etwas früher kam es in Frankreich zu einer Bewegung um den 'Glaubensmann' Cyprien Vignes, einen einfachen Bauern aus den Cevennen. In kindlichem Glauben und ohne jeden Versuch, eine Lehre aufzustellen, betete er mit den Menschen und erlebte viele erstaunliche Heilungen.[108] In Männedorf am Zürichsee kam es zu Heilungserfahrungen durch Dorothea Trudel. Sie war eine einfache Frau, die aus ihrem Glauben, der sich mit hingebender menschlicher Liebe verband, die Heilungskraft Jesu ernst nahm, für die ihr zugeführten Menschen erbat und vielfach auch erfuhr.[109]

Die Nennung einzelner Namen, bei denen keine Vollzähligkeit angestrebt wird, soll über eines nicht hinwegtäuschen: Heilungen wurden auch sonst in vielen kleinen Gebetskreisen, ja sicher auch im Gebet einzelner Menschen erfahren, ohne dass das bekannt wurde oder gar in die Literatur einging. Die Geschichte ist viel reicher, als es uns die Literatur über die Geschichte ahnen lässt. In persönlicher Seelsorge, in christlichen Erholungsheimen und im Umfeld klarer, biblischer Verkündigung erfuhr man Gottes helfende Kraft bis in den Bereich des Leiblichen. Gottes Kraft ist nicht an die Namen gebunden, die uns bekannt sind.

Trotzdem muss man für den Verlauf der Kirchengeschichte, vielleicht mit Ausnahme der beiden Blumhardt, feststellen: Auch dort, wo Krankenheilung erfahren wurde, bildete sie ein mehr oder weniger isoliertes Element. Dass die Bibel Heilung als zweite *Grundfunktion* mit der Verkündigung zur *Einheit* des Auftrages der Kirche verbindet, dass

61

Verkündigung und Heilung die beiden Dienstzweige sind, durch die das Reich Gottes den Menschen nahe kommen soll, das blieb trotz aller Erfahrung dem Bewusstsein der Christen merkwürdig verborgen.

6. DER NEUAUFBRUCH IN UNSERER GEGENWART

6.1. EINLEITUNG

Für unsere Zeit kann man von einem Neuaufbruch im Blick auf Krankenheilung sprechen, auch wenn sich die Situation im einzelnen verwirrend darstellt und in ihrer Vielfalt nicht auf einen Nenner gebracht werden kann. Wie beim Blick in die Kirchengeschichte geht es auch hier nicht um den Versuch einer Gesamtdarstellung. Es wird auf einzelne Anstösse hingewiesen, die entweder im deutschsprachigen Raum unternommen wurden, oder wenigstens auf ihn eingewirkt haben.

Auch für die heutige Zeit muss eines beachtet werden. Gottes Wirken ist nicht an Namen und Bewegungen gebunden. Es ist gut, dass im Verborgenen so mancher Gebetskreise Gott in seiner Kraft erfahren wird, ohne dass das an die Öffentlichkeit dringt. Dass das schriftlich Festgehaltene und damit Greifbare immer nur ein kleiner Ausschnitt der Wirklichkeit ist, sollte uns in aller Arbeit viel mehr ins Bewusstsein dringen. So sind mir eine Reihe von Beispielen bekannt, wo unabhängig von jeder 'Bewegung' um Heilung von Krankheit gebetet wurde und die Erfahrung der Hilfe Gottes nicht ausblieb. Da sind Gebetskreise, die sich regelmässig treffen, oder Menschen, die sich für einen konkreten Fall für begrenzte Zeit zum Gebet zusammenfinden. In einem Fürbittekreis einer landeskirchlichen Gemeinde kommt es zu auffallenden Heilungen. In einer anderen, ebenfalls landeskirchlichen Gemeinde übt der Pfarrer zusammen mit Gemeindegliedern seit Jahren den Dienst der Krankensalbung aus. Was in direkter Seelsorge geschieht, bleibt uns ohnehin unbekannt. Auch in Seelsorgeheimen ist die umfassende Sorge auch für den Leib des Menschen Bestandteil des Dienstes in Verkündigung, Seelsorge, Gebet und Segnung.

6.2. DIE GROSSEN HEILUNGSEVANGELISATIONEN

Vor allem in der Zeit nach dem zweiten Weltkrieg mehrten sich Berichte von grossen Evangelisationen, in deren Verlauf es neben der zum Glauben rufenden Predigt auch zu Heilungen kam. Diese Heilungen bildeten einen festen Bestandteil der evangelistischen Arbeit.[110]

Was genau im Zug dieser Veranstaltungen geschah, ist heute zum Teil schwer, zum Teil überhaupt nicht mehr zu beurteilen. Sicher ist, dass sie durch ihre oft stark propagandistische Art kaum dazu angetan waren, Krankenheilung als Teil des *gemeindlichen* Auftrages kenntlich zu machen. Die Blicke waren und blieben auf den einzelnen Mann geheftet, der offensichtlich für diesen Dienst begabt war.

Man mag diese Bewegungen beurteilen wie man will. Ein Verdienst kommt ihnen trotz allem zu. Eine ganze Reihe von Christen wurde neu darauf aufmerksam, dass Heilungen von Gott geschenkt werden konnten. Die Berichte riefen Erinnerungen an Erfahrungen in der eigenen Geschichte wach. Immer wieder wurde auf die beiden Blumhardt hingewiesen. Auch wenn der 'amerikanische Weg' abgelehnt wurde, so erwachte doch in weiteren Kreisen die Hoffnung auf Erfahrungen von Gottes heilender Kraft im eigenen Umkreis.

6.3. ANSÄTZE IN DEUTSCHLAND UND IN DER SCHWEIZ

Unabhängig von amerikanischen Erfahrungen erschienen in den fünfziger-Jahren einige Schriften, die sich erstmals direkt an die Pfarrerschaft wandten. 1954 kam das Buch des Genfer Pfarrers Bernard Martin[111] heraus. Im selben Jahr erschien auch die Schrift von Dorothee Hoch.[112]

Pfr. Martin legte neben einem kurzen Überblick über die Kirchengeschichte eine knappe Darstellung der 'Lehre von der Heilung der Kranken nach dem Neuen Testament' vor und versuchte, Grundlinien für den 'Dienst des Heilens in der heutigen Kirche' aufzuzeigen. Martin schrieb aus der Praxis seines Pfarramtes und wies auf konkrete Erfahrungen hin. Wichtig ist, dass er einerseits zeigen konnte, wie bei ihm der Heilungsdienst in den sonstigen Dienst der Gemeinde eingegliedert war; andererseits betonte er, dass es sich bei der Krankenheilung gerade nicht um ein fakultatives Element kirchlicher Praxis handelt. Das Buch wurde, wie das von D. Hoch, sicher gelesen, manchmal noch zitiert, scheint aber auf den deutschsprachigen Bereich kaum Einfluss gehabt zu haben.

Nicht viel anders ging es der ausgezeichneten Arbeit, die Heinz Doebert 1960 vorlegte.[113] Doebert skizzierte zunächst in einem neutestamentlichen Teil den 'Auftrag Jesu Christi an die Jünger' und zeigte in einem zweiten Teil die Grundelemente für den 'Praktische(n) Dienst'. Der dritte Teil 'Die Ordnung des Amtes' versuchte, im Licht gegenwärtiger Gemeindewirklichkeit, der Situation der Naturwissenschaften und der Ausbildungssituation der Pfarrer, die Notwendigkeit für die Wiedererweckung des Heilungsamtes zu begründen und für die Pfarrerausbildung einen konkreten Weg aufzuzeigen.

Für alle drei Arbeiten gilt, dass sie weit entfernt von jeder Schwärmerei die Probleme gründlich und nüchtern reflektieren, Krankenheilung als 'Grundfunktion' (Doebert) der Kirche erweisen und zu einer Praxis hinführen wollen, die in die normale Gemeindearbeit eingegliedert ist. Für alle drei Arbeiten gilt aber auch, dass sie weder von der wissenschaftlichen Theologie aufgenommen wurden, noch in der Gemeindepraxis weiterreichende Wirkung entfaltet haben. Sie wurden nicht gehört. Das gilt, so weit ich zu sehen vermag, für die Freikirchen und Gemeinschaften ebenso wie für die Landeskirchen.[114]

6.4. EIN NEUANFANG DURCH DIE CHARISMATISCHE BEWEGUNG?

Die Frage nach der Erfahrung der Kraft Gottes in den Gaben des Heiligen Geistes führte in der charismatischen Bewegung dazu, die biblischen Texte ernstzunehmen, die von den Charismen handeln. Vor allem spielen die Kapitel 12 und 14 des 1. Korintherbriefes eine entscheidende Rolle. Damit ist die Frage nach den Krankenheilungen von der Bibel her gestellt. Die Praktizierung auch dieser Gabe gehörte von Anfang an zum charismatischen Aufbruch.

Heute hat die charismatische Bewegung sowohl in den Freikirchen wie in den evangelischen und katholischen Landeskirchen weite Kreise erreicht. Laien wie Pfarrer und Priester haben hier zusammengefunden.

Zwei Dinge erscheinen im Zusammenhang mit der Frage nach der Krankenheilung bedeutsam. Einmal blieb der charismatische Aufbruch, gerade weil er zur 'Bewegung' wurde, in gewissem Sinn von der 'normalen' Gemeindearbeit isoliert. Man wird bis heute danach gefragt und auch daran gemessen, ob man 'dazu gehört' oder nicht. Damit ist verbunden, dass die Krankenheilungen, die hier geschehen, vielfach als Bestandteil charismatischer Wirklichkeit angesehen werden. Dass aber

Krankenheilung und im Grunde jede Gabe, die Gottes Geist gibt, wesentlich über die Frage der Begabung hinausweisen, bleibt dadurch manchmal undeutlich. Krankenheilung ist wie die Verkündigung eine *Grundelement* des gemeindlichen *Auftrages* und nicht Merkmal einer einzelnen Bewegung. Wird sie als das angesehen, so wird ihre wahre Bedeutung gerade *nicht* erkannt, sondern verdunkelt.

Damit hängt das zweite zusammen. Wird Krankenheilung im Zusammenhang der Charismen als 'Begabung' (bzw. im Sinn von 'Begabungen' 1. Korinther 12,9.28) angesehen, so liegt das Missverständnis nahe, als ob Heilungen an das Vorhandensein einer speziellen 'Gabe' gebunden seien. Die Folgerung, der Ausübung eines Heilungsdienstes müsse eine charismatische Erfahrung vorangehen, liegt auf der Hand. Das ist jedoch vom Neuen Testament her zumindest einseitig. Nur der eine Text 1. Korinther 12 spricht davon, dass in der Gemeinde solche Begabung durch den Geist Gottes gegeben wird. Alle anderen Texte des Neuen Testamentes, die von Krankenheilung sprechen, denken viel stärker vom gegebenen Auftrag her. Wir müssen charismatische Erfahrung ganz erst nehmen. Dabei haben wir zu versuchen, die umfassenderen biblischen Leitlinien, die nicht von der Begabung her denken, sondern Begabungen als Teile der biblischen Beauftragung auffassen, zu entfalten und als Grundlage unserer Praxis ernst zu nehmen.[115]

6.5. GEORGE BENNETT UND DIE 'DIVINE HEALING MISSION' IN ENGLAND[116]

Unabhängig von der charismatischen Bewegung kam es innerhalb der anglikanischen Kirche zu einer Erneuerung biblischer Krankenheilung, die mit dem Namen George Bennett verbunden ist. Bennett war anglikanischer Pfarrer, der im Zusammenhang der schon länger bestehenden 'Divine Healing Mission' zu geistlichen Heilungserfahrungen geführt wurde. Später konnte er auch andere Pfarrer und Gemeindeglieder zu einem solchen Dienst anleiten. Seine Veröffentlichungen sprechen von reicher praktischer Erfahrung, bleiben aber erfrischend nüchtern und ohne jeden Hang zur Sensation. Sie wollen helfen, das von der Bibel bezeugte 'normale' Handeln der Gemeinde auch in unserer Gemeindewirklichkeit 'normal' werden zu lassen. Wichtig für die Auswirkungen Bennetts war sicher, dass die anglikanischen Bischöfe von Anfang an seine Tätigkeit bestätigt und gefördert haben. Das half wesentlich dazu, dass der Heilungsdienst nicht zu einer 'Besonderheit' wurde oder gar in eine eigene Bewegung abgedrängt werden konnte.

Im Vergleich mit der charismatischen Bewegung fallen einige Besonderheiten auf.

* Heilungen erscheinen nicht an besondere Begabung einzelner Menschen gebunden. Jesus steht als der Heilende stark im Blickfeld. An ihn kann sich jeder einzelne wenden. Die Konzentration auf bestimmte 'Gaben' fällt hier weg. Der mit dem Heilungsdienst beauftragte Mensch erscheint nicht als dafür 'begabt', sondern als Vermittler der Kraft Jesu, der in diesem Dienst selbst als der Gegenwärtige erfahren wird.

* Die biblische Erkenntnis, dass es sich bei der Krankenheilung neben der Verkündigung um einen Grundauftrag der Kirche handelt, hat dazu geführt, dass dieser Auftrag innerhalb der anderen Tätigkeiten einer Gemeinde seinen 'normalen' Platz erhielt. Neben Verkündigung, Seelsorge und Unterricht gibt es spezielle gottesdienstliche Veranstaltungen, die in Fürbitte und Segnung für die Probleme kranker Menschen offen sind.

* Dass es sich bei der Krankenheilung nicht um einen Auftrag an einzelne, besondere Menschen handelt, sondern jeweils die Gemeinde in ihrer Ganzheit angesprochen ist, wird daran deutlich, dass die Gemeindeglieder in die aktive Mitarbeit am Heilungsdienst geholt werden. Neben den Gebetskreisen nehmen sie auch an der Gottesdienstgestaltung, vor allem bei der Fürbitte und der Segnung, aktiv teil.

Für die Frage, in welcher konkreten Form innerhalb unseres kirchlichen Lebens Krankenheilung als Auftrag ernst genommen und durchgeführt werden kann, erscheinen mir die Berichte von George Bennett mit Abstand am hilfreichsten zu sein.

6.6. DIE SITUATION IN DER KATHOLISCHEN UND DER ORTHODOXEN KIRCHE

In der katholischen und der orthodoxen Kirche konnte die charismatische Gemeindeerneuerung stärker auf die Gemeinden bezogen werden und in sie Eingang finden, als das für den protestantischen Raum zutrifft.[117]

Unabhängig von der charismatischen Bewegung konnte die Heilungserfahrung im katholischen Raum durch das sakramentale Leben

66

Eingang finden. Das zweite Vatikanische Konzil hat offiziell das Sakrament der Salbung von seiner Funktion als 'Sterbesakrament', als das es seit Jahrhunderten galt und im Bewusstsein vieler Gemeindeglieder heute noch gilt, zur ursprünglichen Bedeutung als 'Heilungssakrament' zurückgeführt.[118] In der neuen Liturgie des Krankengebetes stehen erstmals als Tagesgebet zwei Texte zur Auswahl. Im zweiten wird ausdrücklich um Heilung gebetet: «...und gib ihnen die Gesundheit wieder, damit sie dir in deiner Gemeinde danken. Darum bitten wir dich durch Jesus Christus.» Im Gabengebet heisst es neu: «...und wandle unsere Sorge in Freude über seine (ihre) Genesung. Darum bitten wir durch Christus, unseren Herrn», und im Schlussgebet endlich: «...Erweise deine Macht an unseren kranken Brüdern (und Schwestern), damit sie gesund und heil der Kirche wiedergegeben werden...»[119]

In der orthodoxen Kirche wurde die Salbung immer als Heilungssakrament verstanden und gespendet. Es mag sein, dass die Praxis hinter dem, was die liturgischen Texte beabsichtigen, zurückgeblieben ist. Trotzdem bietet die Liturgie den Ansatzpunkt für eine Praxis, die ins offizielle gottesdienstliche Leben eingebettet ist.[120] Das sollte nicht unterschätzt werden.

TEIL III: GRUNDFRAGEN DER KRANKENHEILUNG

7. THEOLOGISCHE GRUNDLEGUNG

7.1. ERFAHRUNG UND THEOLOGIE

Bei der Durchsicht der vorhandenen Literatur wird man auf einige Gefahren aufmerksam, die beachtet und vermieden werden sollten.

Vielleicht hängt es mit menschlicher Schwäche zusammen, dass in einzelnen Berichten der verhängnisvolle Versuch unternommen wird, echte Erfahrungen in eine Art praktikable, wiederholbare Technik zu überführen. Was sich einmal oder gar einige Male als Geschenk Gottes eingestellt hat, gerät plötzlich in gefährliche Nähe des menschlich Machbaren. Die Fragen, welche 'Bedingungen' auf der Seite des Menschen zu erfüllen seien, 'wie' man es genau zu machen habe usw. treten mit merkwürdigem Nachdruck in den Vordergrund.

Wo Erfahrungsberichte mit einem propagandistischen Zug verbunden sind, kommt es zu einer anderen Eigenart: *Falsche Alternativen* werden im Ton der Selbstverständlichkeit aufgezeigt und bleiben nicht ohne Wirkung. Das tatsächlich schwierige Verhältnis zwischen Glaubensheilung und Medizin wird wie selbstverständlich als Gegensatz hingestellt: Glaubensheilung *oder* der Gang zum Arzt. Aber auch der umgekehrte Fall begegnet einem. Aus der biblischen Einsicht, dass es Wunder auch im Bereich des Bösen gibt, konstruiert man den Gegensatz: Entweder im Glauben stehen *oder* ein Wunder erfahren. Schroffe Alternativen helfen manchmal, bestimmte Einsichten zu gewinnen, entsprechen aber in den seltensten Fällen der Wirklichkeit.

Nun gibt es ebensowenig eine 'Technik', mit der man solche Fehler vermeiden kann. Auf mögliche Gefährdungen kann nur hingewiesen werden. Das Bemühen, Gottes Auftrag ernst zu nehmen, sollte zwei Dinge in den Vordergrund stellen und von ihnen ausgehen.

Gott gibt uns in der Bibel keine Rezepte, sondern bezeugt in ihr die unendliche Freiheit und Grösse seines Wirkens. Gottes Treue zu seinen Zusagen rechtfertigt nie den Versuch, aus den Verheissungen Gottes eine 'Technik' zu entwerfen. Was er einmal auf diese Weise tut, das kann er ein anderes Mal auf ganz andere Art vollbringen. Die Liebe zu Gott wendet sich direkt an ihn und sucht nicht nach 'Konzepten für die Praxis', mit denen man bestimmte Wirkungen in den Griff bekommen kann. So sehr es aus der Liebe heraus zu einer lebendigen und auch geregelten Praxis des Lebens mit Gott und des Dienstes für ihn kommen muss, so wenig geht die Liebe zu Gott in der Praxis, im Dienst für ihn auf.

Neben der Freiheit Gottes muss uns für unseren Dienst deutlich bleiben, dass *unsere Lebenswirklichkeit unendlich komplex ist.* Wir haben es nicht mit einzelnen Vorgängen, z.B. einer Krankheit zu tun, die sich vom gesamten Zusammenhang des Lebens trennen lassen. Alle Probleme stehen in vielfältigen Zusammenhängen, die mit bedacht werden wollen. Die Wirklichkeit unserer Welt, unseres Lebens besteht nicht aus einfachen Gegensätzen.

Sofern unser theologisches Denken der Bibel verpflichtet bleibt, wird es spiegelbildlich als Kennzeichen beide Elemente an sich tragen müssen. Es muss grundlegend um Gottes Freiheit wissen, von der es neben der Treue Gottes zu seinen Zusagen Zeugnis abzulegen hat. Es muss aber auch der unendlichen Vielfalt unserer Wirklichkeit, wie sie uns von Gott gegeben ist, Rechnung tragen können und darf sich nicht in gedankliche Verkürzungen und Konstruktionen verlieren.

7.2. GOTTES HERRSCHAFT IST NAHE

Aus der biblischen Untersuchung hat sich ergeben, dass der Auftrag Jesu an seine Gemeinde in der umfassenden Weitergabe der Nachricht besteht, dass in ihm Gottes Herrschaft über unsere Welt hereingebrochen ist. Sie will nun im konkreten Leben einzelner Menschen Gestalt annehmen. «Gottes Herrschaft ist nahe.» Dieses Zeugnis weiterzugeben ist der Grundauftrag der Gemeinde. Doch dieser Auftrag hat nach den neutestamentlichen Texten *zwei* Grundfunktionen, nicht nur *eine.* *Gottes Herrschaft soll im Wort ANGESAGT und in der Tat der Heilung auch ANGEZEIGT werden.*[121]

Ein Pfarrer, der in seinem praktischen Gemeindedienst auf dieses Problem aufmerksam wurde, schrieb: «Als Theologiestudenten waren wir gelehrt worden, dass die zweite Hälfte des Auftrages nur den Jüngern selbst und ihren unmittelbaren Nachfolgern, nicht aber uns heute gelte. Aber, so sagte ich mir, wenn der zweite Teil des Auftrags uns nicht gilt, woher wollen wir dann wissen, dass seine erste Hälfte uns gilt?»[122]

Heilungen erschienen der Kirche im Verlauf ihrer Geschichte meist als eine Art von Geschenk. Kaum einmal hat man aber über Heilung als einen Grundauftrag der Kirche nachgedacht. Man hat, vielleicht mit

Ausnahme der beiden Blumhardt, die biblische *Ganzheit* des Auftrages preisgegeben. Was in den Anfängen als Einheit vor Augen stand, zerfiel in die zwei Bereiche des Wortes und der Tat, von denen die Verkündigung als das Wesentliche und Grundlegende erschien.

Es ist nicht genug damit getan, dass die Frage der Heilung in den Kreis der zu diskutierenden Themen aufsteigt. Auch die Bedeutung, die dieser Frage zukommt, muss mit berücksichtigt werden. Es gehört zu den Voraussetzungen kirchlicher Existenz, dass wir uns über den Grundauftrag, den wir von unserem Herrn erhalten haben, in theologischer Arbeit Rechenschaft geben und ihm in unserem praktischen Dienst nachzukommen suchen. Eine Neubesinnung müsste damit einsetzen, dass wir den *einen* Auftrag in seinen *beiden* Grundfunktionen als *Auftrag* anerkennen und nach den Wegen seiner Verwirklichung fragen.[123]

7.3. VERKÜNDIGUNG UND BEZEUGUNG[124]

Gottes verheissenes Kommen hat mit Jesus eingesetzt. Mit ihm hat Gott seine endzeitliche, königliche *Herrschaft* angetreten. Davon haben wir in unserem Nachdenken über den Auftrag der Jünger und den Auftrag der Gemeinde auszugehen. Darum geht es ja, dass Gottes Herrschaft *gegenwärtig* ist, in unserem Dienst *Gestalt gewinnen* und sich durch ihn *durchsetzen* will. *Das Kommen der Herrschaft Gottes ist die Voraussetzung unseres Dienstes.* Ginge es nicht um Gottes Herrschaft, dann wäre unsere Predigt von menschlichem Reden nicht zu unterscheiden, dann wäre unser Tun ohne Rechtskraft.

Fragen wir nach der Art, wie Gottes Herrschaft den Menschen durch den Dienst seiner Boten nahe kommen will, so sind zwei Dinge zu nennen. Auf der einen Seite steht die *Proklamation* dieser Herrschaft in der Predigt. Es ist ein rechtlicher Akt, durch den der Herrschaftsantritt ausgerufen wird. Zu dieser Proklamation tritt andererseits die *Selbstbezeugung* der Herrschaft Gottes im Dienst seiner Boten.

Bedenken wir die Folgerungen, die sich daraus für das Verständnis unseres Auftrages ergeben. Einmal sollten wir vermeiden, von *zwei* Aufträgen zu sprechen. Es ist *ein* Auftrag, dessen zwei Elemente aufeinander verweisen. Die Proklamation der Herrschaft Gottes und ihre Bezeugung in unserem Dienst sind die beiden Elemente, aus denen unser Auftrag besteht. Es sind verhängnisvolle Alternativen, die durch eine Trennung dieser beiden Elemente entstehen.

70

Dass Gottes Herrschaft in der Form der Predigt proklamiert werden soll, wird kaum Gegenstand von Auseinandersetzungen sein. In welcher Form aber gewinnt die Bezeugung der Herrschaft Gottes Gestalt?

Das Neue Testament spricht von wunderhaften Taten: Heilungen, Reinigung von Aussätzigen, Befreiung Besessener, ja von der Auferweckung von Toten. Dadurch soll die Herrschaft Gottes als Überwindung des Bösen in allen seinen Formen und Auswirkungen den Menschen zeichenhaft nahekommen. Die Bezeugung der Herrschaft Gottes ist aber nicht auf wunderhafte Ereignisse beschränkt. Auch dort, wo ein Mensch als von Gott Überwundener sich selbst überwinden lernt und in der Tat der Liebe die liebende Nähe Gottes anderen Menschen bringt, bezeugt sich Gottes Herrschaft mitten in unserer Welt.

Auch hier haben wir uns vor falschen Alternativen zu hüten. *Die Bezeugung der Herrschaft Gottes kennt MEHR Formen als nur das Wunder. Sie kann und will aber AUCH als Wunder unter uns Gestalt annehmen.*

Dass Gottes Herrschaft in der Tat der Liebe, in der Diakonie bezeugt wird, ist wiederum kaum bestritten. Wir leiden viel eher daran, dass wir uns auf diese eine 'machbare' Form des Zeugnisses beschränkt haben. Krankenheilung und andere Formen wunderhaften, befreienden Tuns Gottes sollen nicht an die Stelle der dienenden Liebe treten. Beide sollen sich zu Gottes Ehre ergänzen.

Doch damit beginnen erst die Probleme. An anderer Stelle dieses Buches wird darauf hingewiesen, dass wir theologisch von einer Verschiedenheit der 'Zeiten' sprechen müssen.[125] Gott bezeugt sich nicht überall und zu allen Zeiten auf dieselbe Weise. Er rückt zu manchen Zeiten und bei manchen Gelegenheiten den Menschen unmittelbarer nahe. Es gibt andere Zeiten, bei denen deutlich wird, dass Gott uns seine Nähe verborgen hat. Das Wissen um diese Verschiedenheit ist uns wichtig. Das darf uns aber nicht dazu führen, die Zeiten, in denen Gott seine Nähe uns kaum oder überhaupt nicht mehr sichtbar bezeugt, für 'normal' zu halten. *Wir leben im Glauben davon, dass wir auf Gott und SEINE Möglichkeiten hin offen sind, um die Bezeugung seiner Kraft bitten und uns ihm für solche Bezeugung zur Verfügung stellen.* Das schliesst die Offenheit für den Gott, der auch heute noch die Kraft hat, Wunder zu tun und *auf diese Art* seine Herrschaft den Menschen zu bezeugen, ein und nicht aus. Das Wissen um Gottes *Freiheit*[126] muss auch hier seine Frucht tragen: Gott ist *frei* in seinem Tun. Das gilt sowohl in dem Sinn, dass er frei ist, seine Bezeugung in der Form wunderhaften Tuns zu verweigern; es gilt aber ebenso und wohl noch mehr dafür, dass er *frei* ist, heute noch in unserer Mitte seine heilende Kraft zu erweisen.

Noch ein Umstand muss uns beschäftigen. Sobald wir die Bezeugung der Herrschaft Gottes neben die Predigt als zweites Element des einen Auftrages stellen, sind beide Elemente auch in ihrer Verschiedenheit zu bedenken. Predigen ist in seinem Vollzug menschliches Reden und kann so 'zu rechter Zeit und zur Unzeit' ergehen (vgl. 2. Timotheus 4,2).

Natürlich ist die 'Frucht' des Tuns dem Prediger entzogen. Ob Gott sich in seiner den Menschen überwindenden Macht bezeugt, steht nicht in seiner Hand. Aber der Vorgang selbst, das Predigen als menschliches Reden, ist ihm anvertraut.

Das ist beim Vollzug der Heilung anders. Hier sind 'Tat' und 'Wirkung' in anderer Weise aufeinander bezogen. Insofern kann man mit Recht sagen, das Predigen könne man befehlen, nicht aber in derselben Weise das Heilen. Gott hat sich beim Heilen die Bezeugung seiner Herrschaft in anderer Weise vorbehalten, als das bei der Predigt der Fall ist.

Was können wir tun? Die Anregung, die dieses Buch geben will, besteht darin, Heilung Kranker als *Teil unseres Auftrages* zu bedenken. Dazu gehört, dass wir in neuer *Offenheit* Gott um die Bezeugung seiner heilenden Kraft in der Mitte der Gemeinde bitten. Das Fragen nach der *Form*, in welcher die Bezeugung Gottes durch unseren Dienst konkrete Gestalt annehmen kann, tritt hinzu.

Dem Bedenken unseres Auftrages ist der biblische, der geschichtliche und im wesentlichen dieser grundlegende Teil gewidmet. Die Frage nach der Form dieses Dienstes wird ausdrücklich in Teil IV aufgenommen.

Was unter *Offenheit* verstanden wird, mit der wir Gott gegenübertreten sollen, bedarf vielleicht einer Erläuterung. Die Kritik an einer Erneuerung des Heilungsdienstes in unserer Kirche wird manchmal mit dem Hinweis begründet, Heilung sei nicht 'machbar'. Eine Machbarkeit geistlicher Krankenheilung ist tatsächlich nicht gemeint. Das, was Gott in seiner Treue zu tun verspricht, wird uns nicht verfügbar. Man kann sich aber dem, was Gott 'machen' will, im Glauben und Ernstnehmen seines Wortes öffnen oder sich ihm verschliessen. Nicht um Machbarkeit geht es, wohl aber um Offenheit. Zum Vergleich kann man Jesu Hinweis, Gott werde für die finanziellen Belange seiner Jünger aufkommen, als Parallele heranziehen. Auch dort geht es ja gerade nicht um eine Machbarkeit, sehr wohl aber um eine Offenheit auf der Seite des Menschen, auf die Gott seinerseits eingehen und die er zur Bezeugung seiner Treue gebrauchen kann.

Unser Herr hat seinen Jüngern versprochen, seine Treue zu erweisen und ihnen im Gebet 'alles' zuteil werden zu lassen. Diese Verheissung gilt ausdrücklich auch für die finanziellen Bedürfnisse (Matthäus 6,25ff). Aus der Kirchengeschichte haben wir eine grosse Zahl von Beispielen, wie Menschen auf dieses Wort aufmerksam wurden und begonnen haben, in neuer *Offenheit* auf Gottes Treue allein hin zu leben. Sie haben so Gott die Ehre gegeben und ihm zur Bezeugung seiner Kraft und Treue in ihrem Leben Raum geschaffen. Man denke an das Beispiel von Georg Müller, dem Waisenhausvater von Bristol, an Eva von Tiele-Winckler oder an Emil Rupflin, den Gründer des 'Gott hilft' Werkes in der Schweiz.[127]

Auch in der Frage der finanziellen Versorgung ist uns, ähnlich wie bei der Frage der Krankenheilung, jede 'Machbarkeit' verwehrt. Wir können nur uns selbst mit der Ganzheit unseres Lebens und Dienstes Gott und seiner Treue anvertrauen. *Keine MACHBARKEIT ist hier gemeint, wohl aber eine neue OFFENHEIT dem gegenüber, was Gott tun will und versprochen hat, in seiner Treue auch unter uns zu tun.*

7.4. HEILUNGEN UND ESCHATOLOGIE

In der Forschung am Neuen Testament haben wir seit Anfang dieses Jahrhunderts die enorme Bedeutung der Eschatologie für die Botschaft Jesu sehen gelernt. Jesu Wirksamkeit ist nur verstehbar unter dem Anspruch, die eschatologische Wende heraufzuführen. Mit ihm hat der Abbruch der alten, gefallenen Welt schon begonnen; die neue, kommende Herrschaft Gottes bricht mit seiner Gegenwart herein. Unter diesem Gesichtspunkt bilden seine Verkündigung und seine helfende und heilende Wirksamkeit eine Einheit. Der Sieg über den Bösen gewinnt in der umfassenden Befreiung des Menschen seine Gestalt. Dazu gehören die Heilungen von Kranken, die Befreiung von Dämonen.

Liegt die Auffassung, dass Gottes Herrschaft mit Jesus an ihrem Hereinbruch steht und sich in Taten der Befreiung vom Bösen bezeugt, so einfach hinter uns, oder gehört sie zusammen mit dem Evangelium mit in unsere Zeit? G. Sauter bemerkt schlussfolgernd, «dass es eine Einschränkung dieser christologischen Grundaussage bedeuten würde, wenn dieser Aspekt aus dem Geschehen *nach dem Kreuz* ausgeklammert und dies 'per definitionem' durch den Begriff der 'Verborgenheit' begründet werden sollte.»[128]

Diese Frage, die weit über unser Thema hinausweist, erhält dennoch in dieser konkreten Themenstellung eine brennende Spitze. Ein Ernstnehmen der Botschaft des Evangeliums bedeutet doch, dass der Sieg Jesu auch für uns feststeht, dass wir im Leben und im Dienst von diesem Sieg herkommen müssen und ihn immer neu auszurufen haben. Damit ist jedoch unausweichlich auch die Frage nach den befreienden Taten gestellt, die diesen Sieg in das Leben, in die konkrete Leiblichkeit der Menschen hineinbringen. Man kann dieses Problem nun nicht damit beantworten, dass ja gerade die neutestamentliche Eschatologie um die Spannung wisse, dass das Reich Gottes einerseits *schon* angebrochen, andererseits *noch nicht* in Macht vollendet, in ihrer letzten Wirklichkeit noch verborgen sei. Verkündigung und Heilung verteilen sich im Neuen Testament nun einmal nicht so, dass die Verkündigung allein das 'jetzt schon', die Heilungen dagegen das 'noch nicht' repräsentieren würden. Wo die Verkündigung in Kraft ergeht und Menschen von Gott her überwunden werden, da zeigt sich das auch in den Taten, die von der Kraft Gottes Zeugnis geben. Und wo die Verkündigung im Unglauben nicht durchdringt, wo Gottes Herrschaft nicht hereinbrechen kann, da zeigt sich das auch im Ausbleiben der Befreiungstaten im Namen Jesu. Die Frage, die sich von Blumhardt her stellt, wie auch die Antwort, die Karl Barth darauf formuliert hat, erscheinen vom Neuen Testament her zwingend. «Ist der Gedanke theologisch erträglich, dass vor 2000 Jahren durch Zeichen und Wunder die Herrlichkeit Gottes über die Finsternis verkündigt wurde, heute aber die duldsame Ergebung in die Macht der Finsternis das letzte Wort sein soll?...Jesus Christus gestern und heute derselbe!»[129]

Missverständnisse sind auf beide Seiten hin möglich und wahrscheinlich. Entweder man schlägt sich auf die Seite des 'noch nicht': Gottes Herrschaft ist 'noch nicht' in Macht angebrochen. Damit legitimiert man die Auffassung, Heilungen seien ja gar nicht zu erwarten. Oder man schlägt sich auf die Seite des 'jetzt schon': Gottes Herrschaft ist in Jesus Christus 'jetzt schon' angebrochen. Damit überspringt man die Tatsache, dass Gottes Herrschaft in ihrer Vollendung erst kommen wird. Sofern wir die biblische Eschatologie ernstnehmen, werden wir uns vor beiden Wegen hüten. Aber was bedeutet das?

In allem haben wir davon auszugehen, dass der Sieg Jesu grundsätzlich errungen und endgültig ist. Es liegen Kämpfe vor uns. Aber in allen Kämpfen und auch den Niederlagen bleibt der Sieg Jesu unsere Gewissheit (vgl. Lukas 10,17f; Hebräer 2,14f usw.).

Wir erwarten darum auch Heilung von Kranken, erwarten sie aber als 'Zeichen' für die Wirklichkeit der kommenden Herrschaft Gottes, die wir glaubend erhoffen, die jedoch nach dem Zeugnis des Neuen Testamentes in ihrer Vollendung noch aussteht. Jede erfahrene Heilung ist zeichenhafter Anbruch dessen, was selbst noch aussteht: der Vollendung der Herrschaft Gottes. Darum führt die Frage nach Heilung nicht in die Schwärmerei. Das würde geschehen, wenn man die Tatsache zu überspringen sucht, dass die kommende Weltzeit noch verborgen ist, in ihrer endgültigen Verwirklichung noch aussteht. Die alte Weltzeit mit ihren Ordnungen ist noch nicht abgebrochen, wir sind ihr noch unterworfen.

Das bedeutet, dass wir Heilung von Kranken im Sinn des Neuen Testamentes erhoffen, erbeten und fest erwarten. Wir ertrotzen sie aber nicht, als ob es sich bei solchen 'Zeichen' bereits um den 'Normalfall' handelt. Es kann Gott gefallen, Menschen oder Gemeinschaften in Leidenswege zu stellen und, aus welchen Gründen auch immer, seine Kraft völlig zu verbergen. Gott stellt unser Leben in den Auseinandersetzungen, die mit dem Anbruch und Durchbruch seiner Herrschaft je und je zusammenhängen, in Spannungen, die von uns erkannt und durchgehalten werden müssen. Wir dürfen diese Spannungen nicht verkürzen oder eigenmächtig abbrechen. Auch dann, wenn Gott im konkreten Fall seine Kraft und damit die Wirklichkeit seiner Herrschaft vor uns verbirgt, halten wir glaubend an seinem Sieg in Jesus Christus fest und bergen uns glaubend allein in ihm.

7.5. HEILUNG VON KRANKHEIT – UND DIE 'LETZTE' HEILUNG

Jede Heilung von Krankheit ist Zeichen der letzten Überwindung allen Todes. Andererseits kann sie doch in gewissem Sinn nur eine Verzögerung, ein Hinausschieben des Sterbens, durch das wir dennoch zu gehen haben, sein. Wir dürfen auch hier nicht Vorletztes mit Letztem verwechseln, das *Zeichen* der Überwindung allen Todes mit der letzten *Überwindung* selbst!

Am Zeichen soll uns deutlich werden, dass es diese *letzte Heilung* wirklich gibt. Wir sollen daran gestärkt werden angesichts des Sterbens von uns bekannten, oftmals nahestehenden Menschen, ja angesichts unseres eigenen Sterbens. Dieses Sterben ist nicht das Letzte. Der Tod, den auch wir erleiden, ist nicht das Bleibende. Er wird uns durch Jesu Wort, durch seine Auferstehung und die Zeichen, die er tut, als schon überwunden ansichtig. Gehen wir durch unser eigenes Sterben hindurch, so gehen wir als Glaubende zu Ihm, unserem Herrn selbst. *Er* ist der Letzte, nicht das Sterben! «Wer an ihn glaubt wird *leben*, und ob er gleich stürbe!» (Johannes 11,25)

7.6. HEILUNG UND HEIL[130]

Die ganzheitliche Sicht des Menschen gewinnt für die Medizin immer grössere Bedeutung.[131] In der Theologie, in der man aus der Bibel doch unendlich viel davon wissen sollte, müsste der ganzheitliche Blick für das Heil des Menschen seine Frucht tragen. Gott sucht und liebt den *ganzen* Menschen und spricht ihn in der Verkündigung des Evangeliums auch als *ganzen* Menschen an.

Konsequenterweise zeigt sich, dass im Neuen Testament das Wort für 'Heil' (soteria) auch für 'Heilung' von Krankheit verwendet wird. «Die Verwendung gerade dieser Begriffe zeigt, dass man die Heilung des Körpers als ein Teil jenes ganzen Heils betrachtet, das dem Menschen mit dem Anbruch der Gottesherrschaft gebracht oder übereignet wurde...» (R. und M. Hengel).[132] Gottes Heil, Gottes Rettung meint den Menschen bis tief in seine Leiblichkeit hinein. Eine theologische Anthropologie der Ganzheit müsste Auswirkungen für den gesamten Bereich der praktischen Theologie, vor allem für Verkündigung und Seelsorge haben. Heil Gottes ist nun einmal nicht bloss eine Behauptung, die dann womöglich noch 'gegen den Augenschein' geglaubt werden soll, deren Wirklichkeit aber nie einsichtig wird. Solche Aussagen mögen im Einzelfall unter der besonderen Führung Gottes ihr Recht haben. Sie dürfen aber nicht Grundlagenaussagen christlicher Theologie werden. Es gibt ein schönes Wort Luthers, das dazu helfen kann, die Dimensionen zurechtzurücken. Er sagt: «Wer Gott nicht seine Sorge um den Leib anvertrauen kann, der kann ihm nimmermehr die Seele anvertrauen.»[133] Wir haben in unserer heutigen 'normalen' Praxis dieses Verhältnis in sein Gegenteil verkehrt.

Wieviel Predigten werden gehalten über das 'Heil' des Menschen, ohne dass unsere Gemeinden je etwas über den umfassenden Bereich erfahren, in dem Gott uns Menschen sein Heil schenken will. In wieviel Seelsorge wird über Lebensfragen gesprochen, über oft schwere, seelische Probleme. Und doch erweckt unsere Verkündigung in den Gemeinden oftmals den Eindruck, dass wir Gottes Zuständigkeit auf einen engen, verkürzten Begriff des 'Heils' reduzieren. Für die Fragen der Leiblichkeit und die Probleme der Heilung fehlt uns das rechte Wort.

Eine theologische Besinnung muss darauf hinweisen, wie stark wir hier an einer geistesgeschichtlich vorgegebenen falschen Alternative leiden. Wir reden vom Heil und schieben den leiblichen Bereich der Heilung gedanklich meist auf die Seite. Zugegeben, das erscheint uns durch das Gewicht der Jahrhunderte als 'vernünftig', und es fällt uns schwer, über den eigenen Schatten zu steigen. Was anderes aber bleibt uns übrig, wollen wir die biblische Botschaft in ihrer Ganzheit ernstnehmen?

7.7. DER EINZELNE UND DAS REICH GOTTES

Zu den verhängnisvollen Isolierungen, an die wir uns gewöhnt haben, gehört es, dass uns der Blick für die grossen Zusammenhänge, in denen Einzelmenschen stehen, nur schwer gelingen will. Wir denken uns den einzelnen Menschen so, als sei er eine eigene, isolierte Welt.

Wer in der Bibel zuhause ist, lernt an ihr die Wirklichkeit so zu sehen, wie sie unter Gottes Führung zu verstehen ist. Sosehr Dunkelheiten, Krankheiten und Gerichtssituationen ihre Bedeutung für das Leben einzelner Menschen haben, sowenig werden sie in einer individuellen Betrachtungsweise voll erfasst. Israel kannte in seiner Geschichte ganz verschiedene Zeiten der Nähe Gottes. Es gab Perioden unerhörter Intimität, in denen Gott seinem Volk unendlich nahe war, in seinen Propheten direkt mit ihm sprach. In solchen Zeiten wog die Schuld des einzelnen Menschen anders; in solcher Umgebung bedeuteten Gehorsam und Gebet des Gerechten etwas anderes als in Zeiten der Gottesferne, des Gerichtes. Bei Davids Ehebruch stand sofort der Prophet im Namen Gottes neben ihm, um Gottes Recht zu vertreten und wieder herzustellen (2. Samuel 12). Doch Israel kannte auch andere Zeiten, in denen die Propheten schwiegen und Gott sein Volk machen und treiben liess, ohne ihm weiterhin zu widerstehen. «So kommt es, dass er alles, was wider ihn ist, sich selbst überlässt und machen lässt» (J. Chr. Blumhardt).[134] Solche Schweigezeiten Gottes sind gerade nicht normal, sondern in gewissem Sinn Endphasen eines langen Weges, auf dem Gott um das Gehör seines Volkes noch geworben hat. Das Schweigen wird hier zum letzten Versuch, das Volk doch noch zum Hören zu bringen. In solchen Zeiten, in denen das Gericht schwer auf dem Volk liegt, steht auch der einzelne Gerechte innerhalb der Gemeinde und geht den Weg des Ganzen mit! Ja, er hat seine Aufgabe, in solcher Zeit zu leben, erst dann recht begriffen, wenn er bewusst an Gottes Schmerz über das Ganze teilnimmt. Dem Baruch lässt Gott durch Jeremia ein Wort in solch einer Zeit sagen, das uns aufhorchen lassen muss: «So spricht der Herr: Siehe, was ich gebaut, ich reisse es nieder, – und was ich gepflanzt, ich reisse es aus! Und *du* begehrst Grosses für dich?» (Jeremia 45,4f). Wir stehen als Einzelne in einer uns weit umgreifenden Geschichte Gottes, haben unseren Teil an ihr und unsere je eigene Bedeutung für sie als Ganzes.

Was bedeutet das für unser Thema? Was an einem einzelnen Menschen geschieht, hat für die Bibel immer seine Bedeutung für das Ganze und auch umgekehrt. Die Krankheitsnöte einzelner Menschen, ihre Bindungen an Dunkelheiten sind zunächst in dem viel grösseren Zusammenhang zu sehen, dass das Reich Gottes in eine Welt hineindringen will, die nicht einfach neutral ist, sondern unter der Herrschaft des Bösen steht. Wieder kann man bei Blumhardt wesentliche Dinge lernen. «Jede Krankheit (ist) in der den kosmischen Kampf umgreifenden Sicht Blumhardts nicht als Einzelvorgang, als ein den einzelnen Menschen treffendes Unglück zu sehen, sondern als Abbild dieses Kampfes zu begreifen. Der Kranke ist Repräsentant der ganzen, von gottfeindlichen Mächten unterworfenen Schöpfung, ist solidarisch mit ihr und sein Geheiltsein ist schliesslich lebendiges Zeichen des Sieges Christi. Jede Krankheit bekommt allein von dort her einen 'Sinn', also keinen individuellen, sondern, um mit Blumhardt zu reden, 'eine Bedeutung ins grosse Ganze des Reiches Gottes.'» (G. Sauter)[135] Was am Einzelnen in Heilung und Befreiung geschieht, hat Bedeutung weit über ihn hinaus. Auch hier ist an den Zusammenhang zu denken, den Jesus in seinem Bildwort vom Binden des Starken und dem nachfolgenden Raub des Hausrates anzeigt.[136]

7.8. GOTTES ZEIT UND UNSERE ZEIT

Was über das Verhältnis des Einzelnen zum Reich Gottes gesagt ist, soll noch nach einer anderen Seite hin ausgeweitet werden. Es gibt eine theologische Auffassung, die unsere Wirklichkeit von Kreuz und Auferstehung Jesu her so begreifen will, als ob Zeit und Geschichte seither selbstverständlich unter dem Heil Gottes stehen. Aus der Herrschaft Gottes, die sich nach dem Neuen Testament geradezu kampfartig ausbreitet, da und dort auch wieder zurückziehen muss, die also in geschichtlichen Prozessen einen bestimmten *Weg* geht, wird eine geradezu ontologische *Gegebenheit*.[137]

Die neutestamentlichen Texte leiten zu einem anderen Umgang mit Geschichte an. Gerade vom Evangelium, von Kreuz und Auferstehung Jesu her «offenbart sich der Zorn Gottes vom Himmel her über alle Gottlosigkeit und Ungerechtigkeit der Menschen» (Römer 1,18), und zwar in konkret beschreibbaren und damit in gewissem Sinn auch erkennbaren geschichtlichen Vorkommnissen. Das Evangelium geht einen nachzeichenbaren und theologisch zu bedenkenden *Weg* von den Juden weg zu den Heiden, um am *Ende* Israel wieder einzuholen.[138] Es gibt seit Kreuz und Auferstehung nicht einfach *eine* Zeit, sondern im Blick auf den Weg des Evangeliums *verschiedene* Zeiten. Es gibt eine Zeit, die dem Evangelium gegeben ist, die den Menschen, ja einem Volksraum und auch einer Kirche zur Umkehr offensteht, die aber auch vorbeigehen kann.[139] Luthers bekanntes und wichtiges Wort, *«Gottes Wort und Gnade ist ein fahrender Platzregen, der nicht wiederkommt, wo er einmal gewesen ist»*,[140] gehört in diesen Zusammenhang.

Wir haben es in der Einengung unseres Denkens auf das jeweils Einzelne verlernt, dass die Bibel einen Unterschied der 'Zeiten' kennt, in denen ein Mensch, eine Kirche, ein Volk, ja vielleicht die Welt als ganze stehen kann. Was uns Not tut, ist nicht einfach nur eine Umkehr von vielen Einzelnen, sondern eine 'Wende der Zeit'. Aus diesem Grunde erhoffte Blumhardt eine Neuausgiessung des Heiligen Geistes. Er wartete auf eine neue Zeit und erbat Gottes Sieg für die ganze Welt.[141]

Lernen kann man diese Dinge im Ernstnehmen der Schrift, vor allem anhand der Geschichte Israels im Alten Testament. Wir müssen daran sehend werden für unsere eigene Geschichte und die grossen Zusammenhänge, in denen wir selbst stehen.[142] Auch Blumhardts 'Kampf' und die darauffolgende Erweckung kann ein Beispiel sein. Unmittelbar auf den Durchbruch und das Ende des Ringens um die Gottliebin Dittus setzte in Möttlingen eine Bussbewegung ein, die mit der Zeit weit über die Gemeinde Blumhardts hinausgriff und zu einer Erweckungsbewegung wurde. Der Zusammenhang zwischen beiden Geschehnissen war Blumhardt völlig klar. «Diese ist durch jene in vollem Sinne erworben; durch den Kampf und Sieg wurden satanische Mächte gebrochen; ein Bann, der die Herzen umnachtet, ist abgetan.»[143] Es war eine 'neue Zeit', die hier angebrochen war. Für Vater Blumhardt verband sich diese Erfahrung mit dem Bildwort vom verschlossenen bzw. geöffneten Himmel. Dass Gott auch schweigen kann und es dann auf der Erde in einer bedrängenden, unheimlichen Weise «ruhig und stille»[144] wird, war Blumhardt gewiss. Es gibt Zeiten, in denen der Himmel verschlossen ist. «Die nicht angenehme Zeit ist die, wenn der Himmel verschlossen ist, dass man nur mit Mühe ein bisschen was herunterbekommen kann.»[145] Um diesen offenen Himmel geht das bleibende Ringen des Sohnes, der später einmal sagen kann, der Vater habe damals in Möttlingen für sie alle im Himmel eine Türe aufgestossen. Er, der Sohn, halte nun den Fuss dazwischen, damit sie ja nicht mehr zufalle. Denn daran liege es, dass diese 'Türe' offen sei und auch offen bleibe. Aber eben, dass die 'Türe' offen ist, das ist alles andere als eine Selbstverständlichkeit.

Es handelt sich hier um Unterscheidungen, die wir anhand der Bibel und ihrem Blick für die Wirklichkeit neu zu lernen und für unsere Gegenwart fruchtbar zu machen haben. Ein der Bibel verpflichtetes kirchliches Handeln wird ohne ein biblisches Bild der Wirklichkeit nicht recht von Gott Zeugnis geben können. Dazu gehört das Wissen, dass auch die Zeiten von Gott her verschieden gefüllt sind.

7.9. DAS ERSTE GEBOT UND UNSERE WIRKLICHKEIT

Wir haben uns daran gewöhnt, die Wirklichkeit unseres Lebens und unserer Welt in Einzelbereiche aufzuteilen. Für den einen Teil, die mehr oder weniger klar ausgegrenzte religiöse Wirklichkeit, halten wir Gott für zuständig. Im Bereich unseres konkreten Lebens aber gelten die Prinzipien der menschlichen Gewohnheiten, der Wirtschaft, der Naturgesetze und so fort. Dafür halten wir die 'Wissenschaften' für kompetent. Krankheit fällt in diesen zweiten Zuständigkeitsbereich. So wenden wir uns in den Dingen, die diesen zweiten Teil unserer Lebenswirklichkeit betreffen, an die – wie soll man sie nennen? – 'Mächte' und ihre 'Funktionäre', die man dafür für 'zuständig' hält. Es ist mit Händen zu greifen, wie diese scheinbar so vernünftige Aufspaltung unserer Wirklichkeit Gott aus unserem Lebens- und Weltbewusstsein verdrängt. Er muss den neuen Zuständigkeiten weichen, die im Zuge der Umbildung unseres Weltbildes unser Leben zu beherrschen begonnen haben. Merkwürdig ist nur, dass wir Christen selbst für diesen Grundzug unserer Weltanschauung weitgehend blind geblieben sind. Das entscheidende Problem besteht darin, dass uns die Wirklichkeit in ihrer Einheit zerbricht und in Einzelbereiche auseinanderfällt.

Man kann das damit anstehende Problem bildhaft deutlich zu machen suchen. Unsere Wirklichkeitsauffassung und damit unsere Lebensführung gleicht einer Zweizimmerwohnung. In einem 'Raum' leben, arbeiten und denken wir. Daneben gibt es noch einen 'Raum' für unser religiöses Bedürfnis, in dem Gott für zuständig gilt. Je nach individueller Lebenshaltung kommt diesem zweiten Raum mehr oder weniger Bedeutung zu. Zwischen beiden Räumen existiert eine fest verschliessbare Tür. Wenn wir in den Gottesdienst gehen, wenn wir am Abend unser Gebet sprechen, am Morgen unsere 'Stille Zeit' machen oder uns wie auch immmer 'religiös betätigen', so treten wir aus dem Raum des gewöhnlichen Lebens hinüber in den anderen Raum und schliessen hinter uns die Türe. Man kann nun daran gehen, diesen Raum des Glaubens immer grossartiger auszustatten. Ohne Bild gesprochen: Man kann immer mehr Zeit, Engagement und Geld in eine Betätigung des Glaubens hineinstecken. Das Hauptproblem bleibt, dass Gott bloss in der einen Hälfte, bloss für einen Bereich unseres Lebens zuständig ist. Wenn wir in den Raum des gewöhnlichen Lebens hinüberwechseln, dann geht die Türe schnell hinter uns zu.

Die damit gestellten Fragen lassen sich nicht so lösen, dass die religiöse Betätigung immer mehr kultiviert wird. Um im Bild zu bleiben: Der Luxus einer Zweizimmerwohnung muss uns zerschlagen werden. Die Trennung, die Gottes Zuständigkeit bloss auf einen Teilbereich unseres Lebens einschränkt, muss fallen. Die stillschweigende Überzeugung, dass Gott mit einem Teil, meist mit dem Grossteil unserer Lebenswirklichkeit nichts mehr zu tun hat, ist Sünde gegen das erste Gebot bis heute. Man könnte im Zusammenhang unseres Themas das erste Gebot frei formulieren: «Ich bin der Herr, dein Gott. Es darf niemand geben ausser mir, der für die *gesamte* Wirklichkeit, in der du dein Leben führst, zuständig ist.» Die Frage nach den geheimen Zuständigkeiten führt uns direkt zu den modernen, uns so selbstverständlich gewordenen Formen dessen, was die Bibel Götzendienst nennt.

Von diesem Zusammenhang her kann auch die Frage nach unserem Gang zum Arzt eine differenziertere Antwort finden. Der Arzt, der um *Gottes* alleinige Zuständigkeit weiss, fällt nicht unter die Ablehnung der Bibel (vgl. Sirach 38,1-15).[146] Auch unsere Bitte an den Arzt um seine Hilfe ist gerechtfertigt, wenn wir in dieser Bitte das Wissen um *Gottes* alleinige Zuständigkeit festhalten können. Arzt und Medizin haben die Aufgabe der 'Pflege'. Sie sollen die uns in der Schöpfung gegebenen Mittel zur Pflege zur Verfügung stellen und anwenden. Dass wirkliche 'Heilung' aber dem Bereich der medizinischen Möglichkeiten entzogen ist, weiss jeder verantwortungsvolle Arzt. Das aber schränkt die Bedeutung der Medizin nicht ein, sondern weist ihr erst die von Gott gegebene Aufgabe zu: Sie soll mit ihren Möglichkeiten, die sie hat, dem Herrn dienen, in dessen Händen allein die Zuständigkeit für Heilung liegt. In diesem Sinn ist auch von uns die Hilfe des Arztes und der Medizin zu erbitten und in Anspruch zu nehmen: Als Bitte um 'Pflege' im weitesten Sinn, die auf den einen Herrn hinweist und in seinem Dienst steht. Aus seinen Händen allein kann uns Heilung zukommen.

Und doch bleibt das Verhältnis zur Medizin problematisch. Den Fragen der Gesundheit wird enorme Aufmerksamkeit zuteil. Schon das verleiht der Medizin einen gewissen Machtcharakter. Sie nimmt dabei die Rolle der 'Zuständigkeit' in diesem Problembereich ein. Wir haben aber aufmerksam zu sein auf die Bedrohungen, die sich von allen 'Zuständigkeiten' ergeben. Sie sind oft nicht so leicht zu durchschauen. Mit grosser Selbstverständlichkeit hält man für bestimmte Bereiche unseres Lebens verschiedene Einrichtungen, Amtsstellen und Berufsgruppen für 'zuständig'. Mit einer gewissen Grösse und Machtentfaltung gewinnen solche 'Zuständigkeiten' Einfluss und eine eigene Dynamik, die dem Menschen, der sie doch beherrschen sollte, aus den Händen entgleitet. Biblisch gesehen geht es um Mächte, die den Menschen zu beherrschen beginnen. Auch die moderne Medizin mit ihren grossartigen Einrichtungen ist ohne diese theologische Deutung nicht mehr verstehbar. Gerade angesichts der Mächte aber ruft die Bibel den Sieg Jesu aus, der die Mächte entthront und in den Gehorsam unter Gottes Willen zurückruft. Auch sie haben sich unter Gottes Zuständigkeit zu beugen. Das Wort aber, das Gottes allumfassende Zuständigkeit verkündet, muss in der Kirche Jesu konkrete Gestalt gewinnen. Diese Aufgabe ist dringend und unaufgebbar.

8. ALLGEMEINE FRAGEN

8.1. 'KRANKHEIT' UND 'LEIDEN'

In der Literatur und in vielen Gesprächen tritt einem die Tendenz entgegen, die Begriffe Krankheit und Leiden zusammenfallen zu lassen. In der 'Volks-Theologie', die wir alle mehr oder weniger in uns herumtragen, wird die Krankheit zum 'Kreuz', das jeder Mensch in irgendeiner Form in seinem Leben zu tragen habe.[147]

Gehen wir diesem Sprachgebrauch auf den Grund. Er hat in den Worten Jesu, die vom Tragen des Kreuzes sprechen, seinen Anhaltspunkt

(Matthäus 10,38 und 16,24 par.). Dort aber geht es um Menschen, die Jesus aus ihrem normalen Leben heraus in seine Nachfolge ruft. Dieser Weg mit Jesus hat seinen 'Preis'. Für die Menschen der Zeit Jesu war die Deutung dieses Wortes unumstritten. Man kannte ja die Szenen zur Genüge, wie die Männer, die die römische Justiz aufgebracht und des Hochverrates überführt hatte, mit dem Kreuzesbalken zur Hinrichtungsstätte zogen, um dort zu sterben. Der Weg in der Nachfolge Jesu ist nicht 'billiger'. Das ist mit unserem Wort gemeint. Es zeigt in unüberbietbarer Nüchternheit dem Menschen, der diesen Weg vor sich liegen sieht, worauf er sich da einlässt. Das Unerhörte wird uns erst jetzt recht verständlich. Alle, die diesen Weg gegangen sind, geben davon Zeugnis: *Gerade dieser Weg* mit Jesus ist herrlicher und kostbarer als jeder Weg, den man ohne das Leiden der Nachfolge und damit ohne IHN geht.

Dieses präzise Wort vom Tragen des Kreuzes in der *Nachfolge Jesu* wurde im weiteren Sprachgebrauch verkürzt zum 'Kreuz', das auf *jedem Menschen* liegt und so zur Bezeichnung der Krankheiten und der mancherlei Schicksalsschläge, die sich im Laufe jedes Menschenlebens einstellen. So geschieht das Ungeheuerliche, dass dieses herausfordernde Wort Jesu, das Bestandteil der Einladung in die Nachfolge ist, bis heute zur frommen Legitimation der eigenen Resignation herhalten muss. Dort, wo Jesus seinen Sieg über die Krankheit und den Tod proklamieren und zeichenhaft durchsetzen will, bemäntelt man so die eigene Trägheit.

Für unseren Umgang mit der Bibel ist es wichtig, die beiden Begriffe *Krankheit* und *Leiden* genau zu unterscheiden. Jesus hat den Weg, den das Evangelium durch die Geschichte geht, als einen Weg des *Leidens* seiner Jünger bezeichnet. Paulus hat seine Gemeinden im selben Wissen erzogen: «Wir müssen durch viele Trübsale in das Reich Gottes eingehen.» (Apostelgeschichte 14,22). Was mit diesen Leiden konkret gemeint ist, ist an anderen Stellen des Neuen Testamentes inhaltlich ausgeführt. Man lese Stellen wie Hebräer 10,32f oder 1. Petrus 2,19-25. Dabei geht es in erster Linie nicht um Krankheiten, sondern um Verfolgungen, Schmähungen und handfeste Nachteile im täglichen Leben *um Jesu willen*. Es ist der Preis für den Weg der Nachfolge desjenigen, der sich treu an seinen Herrn hält. Und dazu wird ermahnt: «Ihr Geliebten, lasset euch durch die Feuersglut bei euch, die zur Versuchung über euch kommt, nicht befremden, als widerführe euch etwas Befremdliches...» (1. Petrus 4,12).

Man darf auch hier nicht vereinfachen. Die Bibel weiss, dass das Leiden mancherlei Bedeutung haben kann.

* Es kann sich um Strafe für Schuld, die auf einem Leben liegt, handeln.

* Daneben kann aber gerade auf Menschen, die als Gerechte vor Gott ihren Weg gehen, rätselhaft Leiden liegen und so ihr Gerecht-Sein verbergen (vgl. Psalm 73; Hiob).

* Leiden kann bei bestimmten Sendungen der Bibel geradezu Bestandteil der Berufung werden (vgl. den Knecht Gottes bei Jesaja, z.B. 50,4ff; 52,13-53,12; Jeremia; Paulus in Apostelgeschichte 9,16; 2. Korinther 4,9-12; Kolosser 1,24).

* Leiden kann aber auch als Züchtigung, als Erziehungsmittel gemeint und gerade so Zeichen der liebenden Fürsorge Gottes des Vaters sein (vgl. Sprüche 3,11f; Hebräer 12,4-11).

Die Grenzen zwischen Krankheit und Leiden sind – von aussen her gesehen – zum Teil fliessend. Das von Gott verordnete 'Leiden' kann sich in der Form einer 'Krankheit' äussern. Gerade darum aber ist sehr genau zu differenzieren. Krankheit ist nicht einfach 'Leiden' im biblischen Sinne schlechthin. Das ist vielmehr für jeden konkreten Fall neu zu erfragen. Wird eine Krankheit als Teil des besonderen Weges, den Gott einen Menschen führt, erkennbar, dann kann nur der Gehorsam, der diese Krankheit trägt, die Antwort sein. Wird das aber nicht deutlich, dann hat man sich im Glauben unter Jesu Willen zur Heilung zu stellen. Man darf dann freimütig darum bitten, dass Jesu Sieg als Überwindung der Krankheit auch in seinem eigenen Leben Gestalt annimmt.

Die Selbstverständlichkeit, mit der weithin die biblischen Aussagen, die für das Leiden gelten, auf Krankheiten übertragen werden, muss uns verwehrt sein. Unter Leiden, das Gott verordnet, haben wir uns im Gehorsam zu stellen. Doch über Krankheiten, die als Gestaltweisen des Bösen in unserem Leben Raum einnehmen, haben wir Jesu Sieg auszurufen und auch für uns zu erbitten.

8.2. KEINE TECHNIK – SONDERN ER

Die biblische Untersuchung hat deutlich gemacht: Jesus hat keine 'Methode' des Heilens verwendet. Die Frage nach einer 'biblischen Heilmethode', nach einer rezeptartigen Technik würde deutlich machen, dass das, worum es der Bibel geht, nicht verstanden ist. In der

Mitte der Bibel steht der lebendige Gott selbst in seinem heilvollen, den Menschen heimsuchenden Handeln. Und wirklich, *Er* steht dort in der Mitte in seinem Handeln, nicht aber das Handeln selbst. Es gibt keine erlernbare 'Technik', mit der man den 'Erfolg' gewissermassen in den Griff bekommt.

Wird vom biblischen Auftrag zur Krankenheilung gesprochen, so gerät diese Aussage oftmals in Verdacht, dass hier etwas, das allein in Gottes Hand liegt, doch wieder menschlich 'machbar' gemacht werden soll.

Trifft aber das hier angesprochene Problem nicht auch die anderen Elemente unseres Auftrages? Wir haben es wirklich nicht in der Hand, ob Gott durch uns heilen will. Wir haben es aber ebenso wenig in der Hand, ob es in unserer Seelsorge zu echter Befreiung kommt, ob Gott unser Verkündigen so bestätigt, dass das Reich Gottes in das Leben von Menschen hereinbricht und es in unserer Mitte zu etwas Neuem kommt. Aber *die Freiheit, die Gott sich vorbehält, bedeutet keineswegs, dass wir die Ausführung dessen, was uns als Auftrag gegeben ist, unterlassen dürfen.* Was uns für die Verkündigung des Evangeliums so selbstverständlich ist, gilt auch für die zweite Grundfunktion unseres Auftrages.

Vielleicht muss uns für beide Ausrichtungen des einen Auftrages neu deutlich werden, in welcher unendlichen Freiheit Gott selbst in Jesus Christus, unserem Herrn, in unserer Mitte ist. «Jesus Christus gestern, heute und derselbe auch in Ewigkeit», so bekennt die Gemeinde im Neuen Testament (Hebräer 13,8). Wer war denn Jesus Christus «gestern»? Er war doch nicht nur der Predigende, sondern der, der das Reich Gottes brachte, sowohl im Wort als auch in der Kraft seines neuschaffenden Tuns. Der Blick ins Neue Testament müsste uns, zunächst vielleicht nur zögernd, aber immer mehr jubelnd bekennen lassen: Jesus ist derselbe auch noch heute. Er ist heute noch der Befreiung Schenkende, der Neuschaffende und Heilende. Es steht uns fest, dass wir Jesu Handeln nicht in unseren Händen halten. Es liegt an IHM, an *Seiner Treue*, dass er auch in unserer Mitte derselbe ist und als derselbe sich erweisen will wie zur Zeit des Neuen Testamentes bis in alle Ewigkeit. So steht gerade in der Mitte unseres Auftrages, unter dem wir stehen, *Er selbst*, unser Herr. Jesus Christus ist derselbe; der, der er gestern war, ist er auch noch heute und so bleibt er in alle Ewigkeit!

Mit diesem Wort des Hebräerbriefes ist uns gewissermassen eine Auslegungsregel des Neuen Testamentes gegeben. Das ist für die Situation der Anfechtung im eigenen Dienst wichtig. Es handelt sich ja hier, auch unabhängig vom Dienst der Krankenheilung, um eines der Grundworte des Neuen Testamentes. Alles wankt ja, wenn seine Treue nicht feststeht und auch uns durchhalten kann. Wenn wir aber davon leben, dann wissen wir in seine Treue wirklich alles eingeschlossen. Wir haben kein Recht, die Geltung von Gottes Treue einzuschränken. Ebenso steht jedoch fest, dass wir nicht von uns und unserer Glaubenskraft leben, sondern davon, dass eben *Er* derselbe ist gestern, heute und in Ewigkeit.

8.3. CHARISMA ODER AUFTRAG ?

Bei der Besprechung des kirchengeschichtlichen Befundes, besonders bei der Skizze der charismatischen Neuaufbrüche,[148] begegnete uns die Tatsache, dass die Frage nach der Krankenheilung unter dem leitenden Gesichtspunkt der Begabung einzelner Gabenträger gestellt und auch beantwortet werden kann.

Diese Fragerichtung hat im Neuen Testament selbst ihre Wurzeln. Paulus nennt unter den Begabungen, die der Geist der Gemeinde schenkt, auch die «Gnadengaben zu Heilungen» (1. Korinther 12,9.28) und beschreibt damit wohl eine Wirklichkeit, die nicht nur für Korinth zutraf, sondern die Erfahrung mehrerer Gemeinden wiedergab.[149]

Unter dem Eindruck des charismatischen Aufbruches, durch dessen Einfluss die charismatische Thematik immer stärker diskutiert wurde, traten die neutestamentlichen Begabungstexte stark in den Vordergrund des Interesses. Vor allem die Kapitel 12 und 14 des 1. Korintherbriefes wurden gelesen, ausgelegt und bilden gewissermassen das Zentrum des Gespräches bis heute.

Eines bleibt dabei merkwürdig. Andere Texte des Neuen Testamentes, die von denselben Erfahrungen sprechen, stellen den Gedanken an eine spezielle Begabung eher in den Hintergrund, ja erwähnen ihn überhaupt nicht. Im Jakobusbrief (5,14ff) wird Krankenheilung den Ältesten der Gemeinden als Aufgabe zugewiesen.[150] In den synoptischen Evangelien wird innerhalb der Aussendungstexte zwar auch von Begabung gesprochen, doch werden die Begabungen unter dem leitenden Gesichtspunkt der Beauftragung, unter der die Jünger stehen, gesehen. Das Neue Testament kennt zwar die besondere Begabung zur Heilung, entfaltet aber die Krankenheilung vornehmlich unter dem Gesichtspunkt der *Beauftragung*, nicht der Begabung. Der *Auftrag* Jesu gilt den

Jüngern und denen, die durch ihren Dienst zum Glauben kommen und zur Gemeinde werden.

An der Kirchengeschichte werden beide Tendenzen sichtbar. Soweit uns die einzelnen Texte Einblick geben, erscheint es so, dass hier in der Hauptsache Einzelbegabungen vorliegen. Einzelne, begabte Menschen tun diesen Dienst innerhalb der Kirche. Doch ist das nicht unser eingeschränkter Blickwinkel, unter dem wir diese Erscheinungen betrachten? Dass es jedoch in der Kirche nicht zu einer lehrmässigen Entfaltung des Auftrages zur Krankenheilung kam, stimmt nachdenklich.

Bedeutsame Ausnahme für die frühe Zeit der Kirche bleibt die Entwicklung der Krankensalbung zum Heilungssakrament der Kirche. In der Form des Sakramentes gewann der kirchliche Auftrag der Heilung offizielle Gestalt.[151] Eine Ausnahme klingt auch im Brief Luthers an, der von Krankenheilung als einem Auftrag spricht, unter dem die Kirche steht.[152] Bemerkenswert ist jedoch, dass diese Auffassung nie in eine der reformatorischen Kirchenordnungen Eingang gefunden hat. Warum nicht?[153] Als Ausnahmen haben sicher auch die beiden Blumhardt zu gelten, für die die Krankenheilung nicht nur eine 'Begabung' war, sondern mit dem «Kommen des Reiches Gottes» zusammenhing. «Nicht weil es bequemer ist, ohne die Krankheit zu leben, soll sie weg, sondern wegen des Reiches Gottes und dass sein Name gepriesen werde. Es müssen der Bittende und der zum Heilen Berufene sich in diesem Sinne fest die Hände reichen. Ich habe keinen Respekt vor irgendeiner Krankheit. Es ist leicht, sie wegzunehmen, aber nur wenn der Mensch richtig steht und Klarheit im Kopf hat zwischen Finsternis und Licht, zwischen Satan und Gott...» (Chr. Blumhardt).[154]

In der Betonung der Begabungen und der möglichen Isolierung der Begabung von der Beauftragung liegt wohl eine der starken Gefährdungen der charismatischen Bewegung. Natürlich gibt es auch Erfahrungsberichte, die ohne grosse Reflexion die Beauftragung deutlich in den Mittelpunkt stellen.[155] Besonders schön wird der Unterschied gesehen und in der Praxis auch durchgehalten bei George Bennett und in den Gemeinden, die von seiner Arbeit geprägt sind.[156] Im Bericht eines englischen Pfarrers heisst es dazu: «Paulus spricht in 1. Korinther 12 von 'Gaben der Heilung'. Jeder, der eine solche besondere Gabe hat, muss Gott dafür loben und danken und sie in seinem Dienst gebrauchen. Wenn Sie aber nicht das Gefühl haben, eine solche Gabe zu besitzen, dann seien Sie trotzdem getrost. In St. George (= der Gemeinde des betreffenden Pfarrers) waren wir uns nicht so sehr dessen bewusst, irgendeine besondere Geistesgabe zu haben, als vielmehr, einen bestimmten Auftrag von Christus zu haben...Der Befehl Christi an die Kirche ist: 'heilt!' Wenn wir ihm gehorchen, können wir die Ausstattung mit besonderen 'Gaben' ganz getrost ihm überlassen.»[157] Ausdrücklich macht auch B. Martin auf das Problem aufmerksam. Auch er sieht die Möglichkeit, das Thema Krankenheilung von 1. Korinther 12 her unter dem Aspekt der Charismen zu entfalten. Aber dann würde sofort der einzelne Träger der Gabe im Vordergrund stehen und es wäre unklar, inwiefern Krankenheilung ein Auftrag der ganzen Kirche ist. So folgert er: «Das christliche Amt zur Heilung der Kranken ernst nehmen, heisst also nicht in erster Linie danach trachten, in den Besitz von individuellen Heilungsgaben zu gelangen,... sondern das heisst: dem Befehl des Herrn gehorsam sein, den er an seine gesamte Kirche, an seinen Leib gerichtet hat...» Unter Hinweis auf seine Erfahrungen in einigen Genfer Kirchgemeinden kann er darum formulieren, «dass das Charisma, die rein persönliche Heilungsgabe, nicht ausschlaggebend ist.»[158]

8.4. AUFTRAG, BEGABUNG UND VERHEISSUNG

Um das Problem, das im letzten Kapitel anklingt, genauer zu erkennen und ihm gerecht zu werden, muss man sich den verschiedenen Beauftragungen im Alten und Neuen Testament zuwenden. Sie enthalten durchgehend drei Elemente, wobei jeweils eines oder mehrere hervorgehoben werden können. *Die Beauftragten der Bibel haben einen bestimmten, umgrenzten AUFTRAG, erhalten dafür eine BEGABUNG und stehen unter einer VERHEISSUNG.* Die drei Elemente Auftrag, Begabung und Verheissung bilden eine unlösbare Einheit. Ein Element kann im Vordergrund stehen, ein anderes in den Hintergrund treten. Manchmal wird eines im Text nicht erwähnt, ist aber, wie die Durchführung des Auftrages erweist, dennoch vorhanden. Keines darf jedoch aus der umfassenden Einheit gelöst und isoliert werden.

Lernt man das anhand der Bibel zu sehen, dann erkennt man, wie verhängnisvoll die Alternative 'Charisma oder Auftrag' ist. Kein Element lässt sich aus dem, was die Bibel als Einheit meint, gefahrlos herauslösen, keines dem anderen alternativ gegenüberstellen. Es gehört mit zu den Gefahren unseres Denkens, dass wir diese Alternativen so lieben. Der Auftrag lässt sich doch ohne die dazu gehörende Begabung nicht durchführen. Eine Begabung ohne Wissen um einen konkreten und auch begrenzten Auftrag, der diese Begabung in Gehorsam nimmt und in seine Grenzen weist, ist verhängnisvoll. Auf beiden Seiten liegen Gefährdungen. Deutlich bleiben muss aber auch, dass sowohl Auftrag wie Begabung in ihrer gegenseitigen Abhängigkeit unter einer Verheissung stehen, die im konkreten Dienst immer neu *ergriffen* und dann auch *durchgehalten* werden muss.

Was hier bewusst skizzenhaft anklingt, muss breiter an biblischen Beispielen entfaltet werden. Man kann das anhand der Bibel gut selbst sehen lernen. Die Berufungen und nachfolgenden Wirksamkeiten des Mose, Davids, Jesajas, Jeremias – im Neuen Testament die der Jünger, des Paulus, ja Jesu selbst – sie zeigen alle in verschiedener Weise dieselben drei Elemente in ihrer gegenseitigen Zuordnung.

Zur Verdeutlichung sei das Gemeinte an zwei biblischen Texten, Jesaja 42,1-4 und Matthäus 28,18-20, ausgeführt.

* In Jesaja 42,1-4 stellt Gott seinen Knecht vor. Die Verse 2 bis 4 umschreiben sehr detailliert seine konkrete *Beauftragung*. Dabei kann man noch den Inhalt des Auftrages [die Verkündigung des Rechts-Urteiles Gottes] von seiner Reichweite [auf Erden...die fernsten Gestade] und der konkreten Art der Durchführung [nicht schreien, nicht rufen....nicht zerbrechen,... nicht auslöschen...] unterscheiden.

Seine *Begabung* wird ausdrücklich erwähnt: «Ich habe meinen Geist auf ihn gelegt.» (Vers 1)

Umfassend wird auch auf die *Verheissung* hingewiesen, unter der der Dienst des Knechtes stehen wird. Gott selbst stellt ihn als seinen Erwählten, an dem seine Seele Wohlgefallen hat, vor (Vers 1). Was hier über das Verhältnis des Knechtes zu Gott ausgesagt wird, wiederholt Vers 4 in Bezug auf die Durchführung des Dienstes: «Er selbst erlischt nicht und bricht nicht zusammen, bis...» Die weiteren Texte vom Knecht Gottes bei Jesaja (49,1-6; 50,4-9; 52,13 – 53,12) zeigen, wie dieselben Elemente, die in diesem Texte anklingen, weiter durchgehalten werden.

* Der zweite Text, der Missionsbefehl bei Matthäus (28,18-20), weist auf dieselben drei Elemente hin: Der *Auftrag* wird in den Versen 19f breit ausgeführt: «Gehet hin,..machet zu Jüngern...indem ihr taufet...und lehret...» Demgegenüber tritt die *Begabung* zurück. Sie ist hier in die *Verheissung*, die den Jüngern mitgegeben wird, eingegliedert. Dabei fällt auf, dass die Beauftragung selbst durch eine doppelte Verheissung eingerahmt wird. Jesus weist auf seine Macht hin: «Mir ist alle Vollmacht gegeben im Himmel und auf Erden» (Vers 18). Als

dieser Herr wird er die Jünger in der Erfüllung ihres Auftrages auch begleiten: «Siehe, ich bin bei euch alle Tage bis ans Ende der Welt.» (20)

Der Hinweis auf die drei Grundelemente biblischer Beauftragung soll nicht zur Konstruktion verleiten. Er ist gemeint als Versuch, das, was uns in der Bibel vorgegeben ist, zu sehen und sorgsam für unsere Existenz unter Gott fruchtbar zu machen.[159]

Diese Einsicht müsste dringend auch für unseren Umgang mit den 'charismatischen' Texten und dem Phänomen der Charismatik Frucht tragen. In verschiedenen Gemeinden hat der Heilige Geist in der ihm eigenen Freiheit den umfassenden Auftrag, unter dem die ganze Gemeinde steht, auf einzelne Glieder der Gemeinde in der Form charismatischer Begabungen verteilt. Aber auch hier bleiben *Beauftragung* und *Begabung* unter der *Verheissung* eine *Einheit*. Zur Not kommt es, wo von irgendeiner Seite her diese Einheit aufgelöst wird. Im Blick auf die Gesamtheit des Neuen Testamentes lässt sich vermuten, dass überall, wo Begabung vorliegt, die Beauftragung das vorrangige Element bleibt. Unter diesem Gesichtspunkt sind auch die Texte, die das Thema der Krankenheilung behandeln, als Gesamtheit zu betrachten und zu entfalten.

8.5. KRANKENHEILUNG UND MEDIZIN

Das Verhältnis zwischen geistlicher Krankenheilung und der modernen Medizin ist vielschichtig und erfordert eine differenzierte Untersuchung. Dafür ist hier nicht der Ort. Einige Hinweise zum Gespräch werden in diesem und im folgenden Kapitel sowie im Anhang zur Frage des Weltbildes gegeben.

Im Verlauf unserer Geistesgeschichte ist es dazu gekommen, dass sich die Wissenschaften von der Bindung an das biblische Zeugnis gelöst haben. Diese Entwicklung hat verschiedene Wurzeln. Es scheint, wir seien als Christen dazu gezwungen, im Umgang mit den Wissenschaften nur noch 'im Herzen' Christen zu sein, während wir 'im Kopf' Heiden bleiben. Auf diese Art kann man dem Konflikt, zu dem es sonst unweigerlich kommen muss, ausweichen.

Die Überwindung dieser Aufteilung unserer Welt in einen profanen und einen religiösen Teil muss zu unseren dringenden Anliegen gehören. Das bedeutet, dass es auch nicht zu einer Trennung – hier geistliche

Krankenheilung – hier moderne Medizin – kommen darf. Gott ist der Schöpfer der *ganzen* Welt, er ist Herr sowohl unseres Leibes wie unserer Seele. Der Protest gegen die Medizin, den die Bibel gegen König Asa erhebt, ist ja ein Protest gerade gegen diese Aufspaltung der Wirklichkeit in verschiedene Bereiche, durch die Gottes alleinige Zuständigkeit für den Gesamtbereich unserer Welt bestritten wird.[160]

Halten wir Gottes Herrschaft über den Gesamtbereich unserer Wirklichkeit fest, dann ist erneut nach der Bedeutung des Arztes zu fragen. Christoph Blumhardt, durch dessen Dienst Gott vielen Menschen Heilung körperlicher und seelischer Krankheiten schenkte, schrieb einmal über die Aufgabe des Arztes und über die Grenzen, die seinem Dienst gesetzt sind, Worte, die in ihrer Nüchternheit auch uns weiterhelfen können:

«Besondere Pfleger des Leibes sind dabei gewiss auch nötig bei vielen plötzlichen Hindernissen des menschlichen Lebens, aber über Leben und Tod entscheidet nicht der Pfleger des Leibes, sondern Gott. Der Leibeswächter hat eine ähnliche Aufgabe wie der Bahnwärter: er hat darüber zu wachen, dass die Bahn des Leibeslebens frei und offen bleibt. Hier hat er einen Ast, dort einen Stein aus dem Geleise zu entfernen, oder aber bei jeder Gefahr, bei jeder grösseren Störung des Bahnbetriebs hat er an höherer Stelle Meldung zu machen. Aber dabei ist er weder Zugführer noch Stationsvorstand und kann nicht Halt! oder Vorwärts! rufen, wie er will; das steht nur einem Höheren zu. Darum soll es nicht heissen: Hie Doktor! Hie Gott! wie es oft die Parole geworden ist, so wenig man sagen kann: Hie Seele! Hie Leib! ohne grossen Schaden zu leiden. Solche Parole ist nicht ein Werk Gottes, sondern eine Schöpfung unsers eigenen, verkehrten, von den natürlichen Ordnungen Gottes abgekommenen Lebens und Denkens.» (Chr. Blumhardt)[161]

Wir haben der Trennung zwischen Glauben und Medizin zu widerstehen. Ob aber die Gefährdung, der Blumhardt sich gegenüber sah, für uns die grösste Not ist? Sind es wirklich viele Menschen, die heute 'Hie Doktor! Hie Gott!' rufen? Für die meisten Menschen besteht doch die Parole nur noch aus ihrem ersten Teil. Zum zweiten Ruf kommt es es in der Regel kaum noch.

Daneben muss uns bewusst bleiben, dass die Medizin heute Formen der Untersuchung, der Behandlung und der Betreuung entwickelt hat, die von vielen Menschen als Bedrohung ihres Menschseins erfahren werden. Die Frage nach den rechten Grenzen, die von Blumhardt angedeutet wird, bekommt hier ihre Bedeutung. Wo liegen die Grenzen, wo auch die Medizin dazu neigt, Entscheidungen zu fällen, die nur einem 'Höheren', nicht aber dem 'Leibeswärter' zustehen?

Unsere Stellung zur Medizin, wie wir sie faktisch vor uns haben, ist darum nicht ganz problemlos. Dem vollen Ja, dass Gott auch hinter diesem menschlichen Tun steht, tritt die Sorge zur Seite, dass die Medizin heute Möglichkeiten hat, die für das Menschsein bedrohlich sind. Die Medizin ist daran, selbst Machtcharakter anzunehmen. Dem aber ist entschlossen zu widerstehen. Wie ist unsere Stellung zur Medizin zu umschreiben? Vielleicht am besten als 'Ja – mit Sorgen'?

8.6. MEDIZIN UND MENSCHENBILD

Das Gespräch zwischen Medizin und Theologie ist für uns wichtig. Wir haben es ja mit demselben Menschen, den Gott geschaffen hat und den er liebt, zu tun.

Für dieses Gespräch, das uns aufgetragen ist, haben wir einige Dinge deutlich zu machen.

* Die moderne Medizin fragt aufgrund ihrer geistesgeschichtlichen Herkunft nach den Funktions-Weisen der Krankheiten. Diese begrenzte Fragestellung verhindert es, dass der Mensch als Ganzer in den Blick kommt. Darum kann die Medizin auch kein gültiges Menschenbild aus sich heraus in das Gespräch einbringen. Fragen, *'wer'* denn der Patient sei, bei dem *'das'* so 'funktioniert', bleiben offen. Diese Begrenzung liegt nicht am jeweiligen Arzt, sondern an den methodischen Voraussetzungen, auf denen unsere Medizin wie überhaupt unsere moderne Naturwissenschaft aufbaut.

* Wo dennoch im Gespräch mit der Medizin ein 'Menschen-' und 'Weltbild' hervortritt, ist genau nach deren geistesgeschichtlicher Herkunft zu fragen.

* Sobald man das erkennt, ist eine weitere Frage aufzuwerfen. Welches Menschen- und Weltbild steht hinter der Tatsache, dass in der Naturwissenschaft und mit ihr in der Medizin unsere Welt bloss auf ihr 'Funktionieren' hin befragt wird. So selbstverständlich ist das doch nicht.

* Neben diese kritischen Rückfragen muss noch eine weitere treten. *Woher* beziehen wir unser Menschenbild, ja KANN man überhaupt

92

ein Menschenbild mit den Grundlagen medizinisch-naturwissen-schaftlichen Fragens zusammenbringen?

An diesem Gespräch müssen wir Christen leidenschaftlich interessiert sein.

9. PRAKTISCHE FRAGEN

9.1. UMKEHR ZUM AUFTRAG GOTTES ALS UMKEHR

Die konkrete Frage, wie es zu einer neuen Praxis der Krankenheilung in unserer Kirche kommt, kann nicht einfach die Frage nach einem uns beliebigen Neuanfang sein. Wir können ja nicht so tun, als ob wir als Kirche Jesu Christi irgendeine 'Möglichkeit' des Dienstes vergessen hätten, die es nun einfach neu zu entdecken gilt. Nein, es ist ein Grund-element unseres Auftrages, unter dem wir als Kirche stehen, den durch-zuhalten wir uns geweigert haben. Jeder Neuanfang wird das berück-sichtigen müssen.

Ein Neuanfang ist keine Selbstverständlichkeit. Dass der Auftrag, unter dem wir stehen, nicht durchgehalten wird, ist Schuld. Wie soll eine Kirche, die sich weigert, Busse zu tun, einen Neubeginn in der Kraft Gottes finden? Gott steht in seiner Kraft nicht zu unserer Verfügung. Dass er unser Bitten erhört, dass er unseren Dienst der Verkündigung in Wort und Tat bestätigt, das sind keine Gegebenheiten, mit denen wir kalkulieren können. Dass in unserer Mitte eben keine Technik regiert, sondern *Er*, der Herr selbst, erhält auch hier sein Gewicht.[162] Gott ist in unserer Mitte da als der Herrliche und der Heilige. Nehmen wir den Unterschied zwischen unserer Zeit und Gottes Zeit ernst, dann ist es alles andere als selbstverständlich, ob Gott uns nochmals einen Ein-bruch, einen Durchbruch seiner Herrschaft in unsere Kirchen, ja in unser eigenes Leben hinein schenken will. Die Selbstsicherheit, mit der man darüber reden kann, gehört mit zu dem Hochmut, dem Gott lei-denschaftlich widersteht (1. Petrus 5,5; Sprüche 3,34).

Eine Umkehr zum umfassenden Auftrag Gottes muss Umkehr im biblischen Sinn sein, eine Umkehr, in der wir als Einzelne wie als ganze Kirche mit unserer Existenz für Gott verfügbar werden. Wie tief Beauf-tragung und Begabung das Leben des Menschen in seiner Ganzheit beanspruchen, kann einem wiederum an den biblischen Menschen deutlich werden und wird bis heute von den Menschen, die sich unter

Gott stellten, so erfahren. «Ihr seid alle berufen», kann Christoph Blumhardt sagen, «aber – noch einmal – ganz, nicht halb! Denn im Reich Gottes werden halbe Leute nicht mehr geduldet.»[163] Was hier im Blick auf den Einzelnen ausgesagt ist, das gilt genauso von einzelnen Gruppen in der Kirche, ja von unserer Kirche als ganzer.

Der erste Schritt der Umkehr zum Auftrag Gottes müsste also das Eingeständnis und Bekenntnis unserer Schuld sein: Wir haben eigenmächtig den Auftrag, den unser Herr seiner Kirche gegeben hat, eingeschränkt und so der Bezeugung von Gottes Treue und Herrlichkeit nicht Raum gegeben.

Umkehr müsste jedoch noch weitere wesentliche Aspekte in sich enthalten, die erst gesamthaft zu einer Erneuerung des Dienstauftrages führen und das Abgleiten ins Schwärmerische verhindern können. Sie sollen im folgenden skizzenhaft besprochen werden. Die Aufzählung einzelner Aspekte der Umkehr soll nicht zur Meinung verführen, man könnte Umkehr in einzelnen Raten verwirklichen, die dann gewissermassen zu addieren wären. Es sind einzelne Gesichtspunkte des Ganzen der Umkehr, die in sich wesensmässig eine Einheit ist. Auf eine vollständige Entfaltung der biblischen Umkehr ist hier verzichtet. Nur das soll dargestellt werden, was über das allgemeiner Bekannte hinaus für eine Erneuerung des Heilungsdienstes in unseren Gemeinden wichtig erscheint.

9.2. RÜCKGEWINNUNG BIBLISCHER 'TRANSZENDENZ'

Der Begriff 'Transzendenz' ist problematisch, da er vielfältig belastet ist und missverständlich bleibt. Auch andere Begriffe umschreiben jedoch das von der Bibel Gemeinte nicht sachgerecht. *Es geht um das biblische Wissen, dass unsere sichtbare Welt nur ein Teil der Schöpfung Gottes ist, die mit der unanschaulichen Welt auf vielfältige Weise eng verflochten ist.* Das genaue Verhältnis zwischen sichtbarer und unsichtbarer Welt bleibt Geheimnis und wird von der Bibel nicht aufgedeckt. Sie will aber den Glaubenden sowohl zum Ernstnehmen der unsichtbaren Welt wie zum rechten Umgang mit ihr erziehen. Gott ist ein Gott des Himmels *und* der Erde. Zu ihm gehören wir.

In der christlichen Tradition hat man entweder versucht, Gott als 'Gott des Jenseits' zu verstehen und dabei die Menschen auf dieses Jenseits hin zu erziehen. Heute liegt das Problem eher umgekehrt. Man hat Gottes Wirklichkeit innerhalb unserer Welt entdeckt und lenkt den

Blick allein auf die Nöte unserer Welt, auf Gottes Wirken unter uns. Für die Bibel aber gilt beides: Die sichtbare und von uns mit unseren Sinnen erfahrene Welt ist vielfältig auf die unsichtbare Welt bezogen und mit ihr verbunden. Die Bibel nimmt diese Verbindungen ernst, macht auf sie aufmerksam und erzieht zu einem solchen 'ganzheitlichen' Umgang mit Gottes Welt.

An ihrem Wissen um die unsichtbare Welt gibt uns die Bibel in der ihr eigenen bildhaften Sprache Anteil. Bereits den Umgang mit dieser Sprache hat der heutige Mensch meist verlernt. Der biblische Inhalt lässt sich aber von der biblischen Sprache nicht lösen. Der bildhafte Ausdruck bleibt, bei aller Missverständlichkeit, eine dem Menschen entsprechende Form, von der Wirklichkeit zu sprechen.[164]

Damit entsteht für uns ein Problem. Spricht die Bibel von Gott und von der Wirklichkeit der sichtbaren und der unsichtbaren Welt gerne in der Form des erzählenden Berichtes, des Lobpreises, auch des Vergleiches und in bildhafter Sprache, so räumt unsere Tradition der denkerischen Analyse und der Konstruktion den Vorrang ein. Dahinter steht die Meinung, die Sinne, mit denen wir die Welt wahrnehmen, seien dem Erkennen der Wirklichkeit eigentlich hinderlich. Allein der Verstand, der sich von der Sinnlichkeit frei hält, könne Gott recht erfassen. Unter diesen Voraussetzungen stellt eine bildhafte Sprache, die den Sinnen des Menschen zugänglich ist, natürlich eine niedrige Form des Sprechens dar, die durch Analyse und Konstruktion überwunden werden muss. Für die Bibel aber ist die bildhafte Sprache eine der geeignetsten Ausdrucksformen, die dem Menschen entspricht und die Wirklichkeit, in der der Mensch sich zurechtfinden muss, genau wiedergibt. Man kann zwar immer tiefer in diese Sprache eindringen, sie aber nie hinter sich lassen. Die Wirklichkeit liegt nicht *hinter* der Sprache der Bibel, sondern geradezu *in* ihr, *in* ihren Bildern, mit denen sie die Wirklichkeit erfasst.

An der Bibel muss uns deutlich werden, dass es sich bei der unsichtbaren Welt nicht um eine blosse Ausdrucksform handelt, mit der immanente oder gar innerpsychische Wahrheiten in 'Vergleichen' dargestellt werden. Es geht bei ihr um einen unseren Sinnen gewöhnlich entzogenen, unsichtbaren Teil der Schöpfung Gottes, der aber ganz ernst genommen werden muss.

Auf diesem kurzen Raum kann es nicht darum gehen, biblische Transzendenz zu umschreiben. Eine Erneuerung unseres Auftrages schliesst jedoch das Ernstnehmen der biblischen Einsicht in unsere Wirklichkeit

95

ein. Der Bibel ist die Erfahrung von Gottes unsichtbarer Welt grundlegend wichtig. Ohne sie bleibt der Umgang mit Gott geschwächt. Auch die Menschen der Bibel mussten den Umgang mit der unsichtbaren Welt lernen. Vielleicht aber waren die Widerstände nicht im gleichen Mass verhärtet, wie das für unsere Zeit gelten kann.

Eine Abgrenzung darf jedoch nicht unterbleiben. Es gibt auch Zugänge zu 'Transzendenz', die ohne Bindung an die Bibel, ja oft unabhängig von ihr oder gar in direktem Gegensatz zu ihr gewonnen werden. Die Erscheinungsformen sind vielfältig.[165] Von der Bibel her erscheinen zwei Einsichten grundlegend. Einmal muss deutlich werden, dass der Bereich der unsichtbaren Welt nicht einfach mit dem Bereich Gottes oder gar mit Gott selbst gleichgesetzt werden kann. *Auch das Böse hat seine 'Transzendenz'*, ja wirkt nach dem Zeugnis der Bibel im Wesentlichen aus solcher Transzendenz in unsere sichtbare Welt hinein. Wer von der Bibel erzogen wird, wird gerade dafür intensiv aufmerksam sein. Der Umgang, der dem Menschen von der Bibel her mit Gott eröffnet wird, schliesst die Erziehung zum Umgang mit Gottes unsichtbarer Welt in sich. Die Aufnahme von Beziehungen zum Bösen in seiner Transzendenz wird jedoch untersagt. Man beachte: Sie ist untersagt, bleibt aber möglich. Die Grundlektion, dass es oft nicht einfach ist, zwischen Gott und Satan zu unterscheiden, dass diese Unterscheidung aber anhand der Bibel *gelernt werden muss,* erhält gerade im Umgang mit Transzendenz ihre Wichtigkeit. Diese Unterscheidung ist nicht Angelegenheit rationalen Denkens. Nur der Umgang mit Gott, der den Umgang mit der Bibel und das enge Bleiben an ihr in ihrem Wortlaut und in ihrer Gesamtheit in sich schliesst, vermag zu dieser immer neu nötigen Unterscheidung zu führen.[166]

Auch zu diesem Anliegen wird vieles Wichtige und Wegweisende bei Christoph Blumhardt deutlich. Sein ganzes Leben und Reden gewinnt aus dem intensiven Umgang mit der unsichtbaren Welt Gottes seine Kraft, die sich bis heute überraschend lebendig erweist. Auf ihn sei nochmals ausdrücklich hingewiesen.[167]

9.3. RÜCKGEWINNUNG BIBLISCHER 'BRUDERSCHAFT'

Die Umkehr zum biblischen Dienstauftrag muss mit einem Bedenken der Lebensform, in der wir leben, verbunden sein. Der starke und alle Lebensbereiche durchziehende Zug zur Vereinzelung, die Kräfte, die auch psychisch in die Isolation treiben, gehören in diese Überlegungen mit hinein. Die Widerstände, denen wir uns schon im gewöhnlichen

Alltag gegenübersehen, sind allein kaum noch zu bewältigen. Die normalerweise zur Verfügung stehenden menschlichen Kräfte reichen je länger je mehr nur noch für den kleinen Kreis der Familie aus, ja versagen oft schon in diesem Spannungsfeld.

Es gehört zu den grossen Hoffnungszeichen, dass Christen auf diese Probleme aufmerksam werden und danach fragen, wie dem begegnet werden kann. Immer mehr Christen schliessen sich zu engeren Gemeinschaften zusammen. Da und dort entstehen kleine kommunitäre Gemeinschaften.

Schon seit längerer Zeit gibt es in vielen Gemeinden Hauskreise, in denen sich Menschen zu gemeinsamer Bibellese, zum Gebet und Austausch über die konkreten Fragen ihres Lebens zusammenfinden. Das sind Ansätze, die zu begrüssen sind. Oftmals bleibt aber die Frage offen, ob hier wirklich der Weg zu einer Anteilnahme am Leben der verschiedenen Teilnehmer gefunden wird. Handelt es sich nicht vielfach um ein vielleicht angenehmes, dabei aber unverbindlich bleibendes Zusammensein?

Urteile sind hier nicht beabsichtigt. Wir sollten jedoch darauf achten lernen, ob nicht in unserer Nähe Menschen sind, mit denen wir vor Gott unser Leben intensiver teilen können. Dass wir in der Gemeinde 'Brüder' und 'Schwestern' sind, weil wir in Jesus einen gemeinsamen 'Hausherrn', in Gott einen gemeinsamen 'Vater' haben, müsste in der Art, wie wir innerhalb der Gemeinde miteinander umgehen, ja miteinander leben, seinen konkreten Ausdruck finden. Auf einzelne Formen lässt sich das nicht festlegen. Es könnte sich aber um eine intensivere Freundschaft, z.B. zwischen zwei Familien (vielleicht mit ungefähr gleichaltrigen Kindern?) handeln oder in grösseren 'Familienverbänden' Gestalt annehmen, in denen auch Ledige ihren festen Platz finden. Hier könnte man sich in Lebensfragen beraten, Ausgaben miteinander besprechen, eventuelle Anschaffungen gemeinsam vornehmen, usw. Auch konkrete Aufgaben wird man miteinander übernehmen und durchführen können. Wenn das alles in der Einheit von geistlichem Zusammensein und lebensmässiger Gemeinschaft geschieht, so liegt hier die Wurzel zu mancher Gesundung, die ihre Wirkung weit über diesen Verband hinaus bringen wird. Vielleicht finden solche 'Familienverbände' zu noch stärker kommunitären Formen gemeinsamen Lebens.

Aufmerksam sollte man auf das alte Erfahrungswissen unserer Kirche sein, die seit früher Zeit für das Zusammenleben von Menschen in geistlicher und lebensmässiger Gemeinschaft zwei Dinge für grundlegend angesehen und vielfältig ausgestaltet hat: die *Liturgie* und die *Regel*. Bei der Liturgie geht es um die Ausgestaltung des geistlichen Lebens in einer Form, die die Gemeinsamkeit in Ordnung ermöglicht und doch dem Einzelnen Raum für seine Eigenart lässt. Auch bei der Regel geht es darum, sowohl einer Gemeinschaft wie dem Einzelnen, der in ihr lebt, feste Stützen zur Lebensführung zu geben, durch die das Leben zielgerichtet geformt werden kann.

Sowohl Regel wie Liturgie stehen leicht in Verdacht, auf gesetzliche Weise eine Freiheit einzuschränken, die vom Evangelium her gewahrt bleiben muss. Das wäre tatsächlich Missverständnis und Missbrauch. Aber sind das heute wirklich die wichtigsten Probleme? Wir machen doch ständig die Erfahrung, dass Menschen mit ihrer Freiheit, ihrer Zeit und ihren Kräften überhaupt nicht umgehen können, weil sie damit nicht umzugehen gelernt haben. Sie haben nicht die Kraft, sich selbst feste Ordnungen zu geben. Sowohl Liturgie wie Regel wollen für diese Schwächen des Einzelnen wie für die Schwächen der Gemeinschaft dort Stützen geben, wo es nötig ist, dort aber Freiheit eröffnen, wo Freiheit sinnvoll eingesetzt und gelebt werden kann. Man kann das, was hier gemeint ist, bildhaft mit Krücken vergleichen, die einem Menschen trotz gebrochenen Beinen das Gehen ermöglichen. So wollen Liturgie und Regel Stützen zur Lebensführung sein, wollen sinnvoll die Kräfte des Lebens in Zucht nehmen helfen, nicht aber Freiheit abbinden, die gewahrt bleiben muss. Darüber hinaus können Liturgie und Regel Leitlinien für eine konkrete Lebensgestaltung geben und so den Möglichkeiten, die im Leben eines Menschen liegen, zur Entfaltung verhelfen.

Beide, Regel und Liturgie, weisen über das Leben des Einzelnen hinaus auf ein Leben in grösserer Gemeinschaft, ohne dass damit eine konkrete Form solchen 'gemeinsamen Lebens' schon bestimmt wäre. Gott ist unser Vater, wir sind seine Kinder und darum untereinander Geschwister. Diese Aussagen gewinnen wir nicht im Blick aufeinander, sondern im Blick auf Gott und sein Selbstzeugnis in der Schrift. Damit ist die Wahrheit und die Verwirklichung von 'Bruderschaft' *nicht mehr* in unser Belieben gestellt, sondern Verpflichtung an uns alle.[168]

9.4. RÜCKGEWINNUNG DER SICHT FÜR UNSERE KAMPFSITUATION

Was im Verlauf dieses Buches, vor allem in seinem biblischen Teil, schon mehrfach angeklungen ist, muss hier nochmals für unsere Zeit

98

und die Erneuerung unseres Auftrages aufgenommen werden.[169] Unsere Beauftragung ist nicht lösbar von der Auffassung der Wirklichkeit, in die uns die Bibel stellt. Ohne Rückgewinnung auch dieser Perspektive lässt sich unser Dienst gar nicht durchführen. «Unnatürlich und schwärmerisch heisst man, wenn man nach dem lieben Gott fragt... Denn diesem 'Riesen' [den Mächten auf Erden] die Macht wieder zu nehmen, ist die Aufgabe der Gemeinde Jesu Christi. Nichts ist verderblicher, als wenn wir den Kampf aufgeben in der Meinung, weil, wie das Verschen sagt, Christus gestorben ist, sei die Macht des Todes dahin; während doch alle Apostel davon reden, wie wir jetzt in den Kampf gestellt sind mit den Fürsten und Gewaltigen und den Herren der Welt. Die ganze Bibel ist ja davon voll. Und doch konnten die einfältigen Christen den blödsinnigen Satz aufstellen: Jetzt hat es keine Gefahr mehr...» (Chr. Blumhardt).[170]

Was hier gemeint ist, kann nur in knapper Skizze gezeigt werden. Wir haben zu zeigen versucht, dass für die Bibel Beauftragung und Begabung eine unlösbare Einheit bilden.[171] Dort ist jedoch bereits angeklungen, dass beide in ihrer Einheit unter einem dritten stehen, nämlich der *Verheissung*, die je und je neu *aufgenommen und durchgehalten* werden muss. Das sind biblische Zusammenhänge, die wir dringend zu lernen haben.

Wieder kann uns die Sendung der Jünger in Matthäus 28 als Beispiel dienen.[172]

Die Beauftragung ist von einer doppelten Zusage eingerahmt. Zunächst wird (Vers 18) auf die Vollmacht Jesu hingewiesen: «Mir ist gegeben *alle* Vollmacht im Himmel und auf Erden.» Die Beauftragung wird mit der Verheissung abgeschlossen: «Siehe, *ich* bin bei euch *alle* Tage bis ans Ende der Weltzeit.» Der Jünger, der in dieser Sendung steht, wird seinen Auftrag nur so durchhalten können, dass er diese Verheissung, die ihm Jesu unumschränkte Vollmacht und gleichzeitig seine unaufhörliche Nähe zusagt, ständig neu ergreift und in seinem Dienst durchhält. Gerade in den Stunden, in denen es ihm scheinen will, das Böse triumphiere und behalte um ihn herum das letzte Wort, muss ihm dieses Wort zur Gewissheit werden: Jesus und ihm allein ist *alle* Vollmacht gegeben. Gerade in den Stunden, in denen der Bote Jesu an der Verborgenheit des Reiches Gottes leidet, kann er ohne Jesu Verheissung nicht bestehen: «Ich bin bei euch *alle* Tage, bis ans Ende der Weltzeit.»

Manchmal sieht es so aus, als könne man Jesu Auftrag auch anders durchführen. Aber stimmt das? Kann man Jesu Weg gehen, wenn man sich von der Verheissung löst? Eine Verheissung ist von Jesus her kein 'mutmachendes Wort', wie wir Menschen es einander zusprechen können. *Verheissung ist eine rechtliche, bindende Erklärung, die selbst Bestandteil des Auftrages wird.* Jesu unumschränkte Vollmacht und Jesu unaufhörliche Nähe sind solche Rechtserklärungen, ohne die wir den Dienst in seiner Sendung nicht tun können. Die Gewissheit der Verheissungen Jesu muss von uns immer neu errungen und durchgehalten werden, durch alle Auseinandersetzungen hindurch. Die Kämpfe, in denen wir auf geistlicher Ebene stehen, sind oft Versuche, uns von der Verheissung zu lösen und damit 'rechtlos' zu machen. Beauftragungen und Begabungen pervertieren, wenn die Verheissung nicht durchgehalten wird!

Sieht man sich die Texte des Neuen Testamentes an, die von der Kampfsituation der Gemeinde sprechen, so zeigt sich, dass trotz unterschiedlicher Betonungen die Gemeinden vordringlich zum Festhalten der Verheissung gestärkt werden. Vor allem die Offenbarung des Johannes scheint darin geradezu ihr Ziel zu haben.

Auf drei verschiedenen Ebenen muss man die Verheissung Gottes durchhalten, auf allen drei aber kann man sie auch verlieren: im *Gebet* als Einzelne und in der Gemeinschaft, in dem die Verheissung immer neu aufgenommen und vor Gottes Angesicht vergewissert werden muss; in der *Gemeinschaft* christlichen Lebens, in der man sich unter dieser Verheissung zusammenfindet und nach ihr das Leben ausrichtet; und letztlich im *Gehorsam*, der sich aus solchem Leben unter Gott sowohl für den Einzelnen wie für die Gemeinschaft ergibt, ja manchmal den Einzelnen in Gegensatz zur Gemeinschaft stellen kann.

Wieder gilt, dass kein Element von den übrigen getrennt werden kann. Umgekehrt können wir aber so sehen lernen, dass das Satanische in unser Leben auf allen drei Ebenen eindringen und uns vom Leben allein aus Gottes Verheissung heraus abdrängen will. Dem hat unsere Aufmerksamkeit zu gelten. Der Kampf gegen das Gebet, gegen die Gemeinschaft und gegen den Gehorsam kann uns als persönliche Anfechtung treffen. Er tritt aber auch in anderen Formen an uns heran, z.B. in Form einer theologischen Unterweisung, die uns von den Grundlagen christlichen Lebens wegführen will. *Der Kampf gegen Gebet, Gemeinschaft und Gehorsam ist jedoch IMMER ein Kampf gegen die VERHEISSUNG. Als solcher will er uns zum Ablassen von dem Wort Gottes führen, unter dem wir stehen.* Er will uns die Kraft nehmen, an Jesus allein festzuhalten und aus seiner Verheissung und seiner Wirklichkeit zu leben. Es ist der Kampf gegen Gott und gegen die

Zusage seiner Treue, dass er für uns Menschen in Jesus Christus *genug* getan hat und dass er dieses sein Genügen in unserem Leben und durch unseren Dienst auch erweisen und durchsetzen *kann und will*.

9.5. RÜCKGEWINNUNG BIBLISCHER 'HEILIGKEIT'

Im gleichen Zusammenhang wird es auch darum gehen, dass wir lernen, was die Bibel unter 'Heiligkeit' und der mit ihr verbundenen 'Reinheit' versteht.

Wir sehen heute allgemein zwei Verständnismöglichkeiten vor uns. Einerseits schrecken die Menschen vor diesem Ausdruck zurück, weil er ihnen zu grossartig scheint. Heiligkeit bedeutet dann beinahe so etwas wie moralische oder geistliche 'Vollkommenheit'. Andererseits dringt eine Interpretation immer mehr vor, die stark den rechtlichen Aspekt betont. 'Heilig' bedeutet tatsächlich auch, dass etwas Gott gehört, gewissermassen seinen Eigentumsstempel an sich trägt. So werden im Neuen Testament alle Christen 'Heilige' genannt, da sie Gottes Eigentum sind.

Steht diese zweite Aussage für sich allein, so ist zwar Richtiges gesagt, an dem nichts abgestrichen werden soll. Was jedoch Gott gehört, in das werden Gottes Zeichen tief eingegraben. Gott prägt in das, was ihm gehört, sein Bild in tiefen Spuren ein. Was Gott gehört, das reinigt er. Er läutert es, wie man Silber und Gold im Feuer läutert. Damit ist der Teil biblischer Heiligkeitserfahrung gemeint, der uns nicht abhanden kommen darf, den wir aber zu verlieren drohen. Der Mensch, dem Gott nahe kommt, erfährt, dass er angesichts der Heiligkeit Gottes vergeht. Diese Erfahrung wird durch das Neue Testament nicht aufgehoben, sondern bestätigt (vgl. Lukas 5,8f; Hebräer 10,31; 12,29 u.a.). Das Wissen darum, dass vor Gott Heiligkeit und Reinheit zusammengehören, droht uns zu unserem Schaden abhanden zu kommen. Der Gott von Bethlehem und Golgatha ist *kein anderer* Gott als der Gott des Sinai! Wir sehen als dringende Aufgabe vor uns, die *Ganzheit* des biblischen Gotteszeugnisses durchzuhalten. Wo Gottes Nähe erfahren wird, da berichten Menschen bis heute in Worten, die denen des Jesaja nahekommen: «Wehe mir, ich vergehe, denn ich bin unreiner Lippen...» (Jesaja 6,5)

Heute hören wir Zeugnisse von Menschen, die von Gottesbegegnungen als reinen Gnadenerfahrungen sprechen und dabei die Gnade oftmals in Gegensatz zu Gottes Gericht stellen. Wo nicht deutlich wird, dass sich in der gnadenhaften Begegnung mit Gott *auch* das Gericht über mein Leben vollzieht, ja die Erneuerung meines Lebens nur durch seinen Verlust hindurch geschehen kann, eine letzte *Enteignung* meines Lebens ist und *nur so* sein *Neugewinn*, da ist zumindest die Frage zu stellen, ob es hier wirklich zu einer Begegnung mit dem lebendigen Gott der Bibel gekommen ist. Die Bibel spricht doch anders, anders lauten auch Erfahrungen mit Gottesbegegnungen, die wir ernst nehmen können. Wieder kann auf Blumhardt verwiesen werden. Johann Christoph Blumhardt spricht über seine eigene Erneuerung andeutungsweise anhand von Jesaja 6,5. Die Erweckung, die in Möttlingen nach der 'Kampfzeit' durchbrach, war wie jede vergleichbare Erscheinung in der Kirchengeschichte eine Bussbewegung, die durch echte Reinigung des Lebens hindurch zur Erneuerung aus dem Geist Gottes führte. Der Sohn endlich hat gesehen, dass dem Sieg über die Mächte der Finsternis noch der Sieg über die Eigenmächtigkeit des Menschen, *gerade des frommen Menschen*, folgen muss, wenn Gott in unserer Mitte Raum gewinnen und sein Reich unter uns anbrechen soll.[173]

Für die Bibel sind Heiligkeit und Reinheit nicht dasselbe, gehören aber unlösbar zusammen. Das wird heute oft unter Berufung auf die Gnade Gottes verdunkelt. Wir dürfen doch nie vergessen, dass Gott ein Gott ist, der «tötet und lebendig macht» (Deuteronomium 32,39; 1. Samuel 2,6). Was wie eine Aussage über zwei Handlungsweisen Gottes klingt, zeigt sich in der Geschichte Jesu in seinem engen Zusammenhang: *Gott tötet – und gerade das ist seine unausdenkbare Art, zum Leben zu führen.* Von Paulus wird dann gesehen, dass sich dieses Handeln Gottes wie ein Grundmuster durch die Geschichte hindurch zieht, auch in der Gemeinde bewährt und als Mass dafür gelten kann, ob Gottes Handeln vom Menschen durchgehalten oder verfälscht wird (1. Korinther 1,18-31). Die Offenbarung endlich zeigt, dass der Antichrist versuchen wird, das Geheimnis des Handelns Gottes bis zur Verwechslung nachzuahmen. Er erhält eine Todeswunde, wird also 'beinahe' getötet, um dann überraschend wieder geheilt zu werden. Sein Weg sieht zunächst dem Weg Gottes täuschend ähnlich. Auch er geht in die Tiefe des (Beinah-)Todes, um von dort her wieder zum Leben zu kommen. Doch in dieser 'Tiefe' steht gerade nicht der Tod, nicht der Verlust des eigenen Lebens. Es ist im Gegenteil das alte Leben, das in der Tiefe 'zu sich kommt' und wieder Oberhand erhält (vgl. Offenbarung 13,3).

Damit sind wesentliche Erkennungszeichen gegeben, ob in einer Bewegung, die sich auf den Gott der Bibel beruft, Gott in seinem Geheimnis erkannt ist, oder ob sie an ihm vorbeiführt. Was an 'geistlichen Methoden' heute in den Gemeinden herumgereicht wird, erscheint einem von dieser Einsicht her zum Teil mehr als bedenklich. Dass Jesus selbst die Aussage, Gott 'tötet und macht *gerade so* lebendig', als Grundlage des Handelns Gottes anerkannt und sowohl für sich wie für seine Nachfolger als Grundregel hervorgehoben hat, geht aus seinen Nachfolgeworten deutlich genug hervor. «Wer sein Leben *findet*, der wird es *verlieren*; und wer sein Leben *verliert* um meinetwillen, der wird es *finden*.» (Matthäus 10,39 und Parallelen; vgl. Johannes 12,24). Jesu Ziel ist eindeutig. Der Mensch soll in der Nachfolge *das Leben finden*. Doch der Weg, der dazu gewiesen wird, ist gerade *nicht* die 'Selbstfindung', sondern die Hingabe des Lebens, der Verlust des Lebens um Jesu willen. Blumhardt hat recht gesehen, wenn er gerade *hier* den Einbruch des antichristlichen Geistes mitten in die Christenheit sieht. *«DER ist der Antichrist, der sich tröstet mit Christus, ehe er das in den Tod gibt, was noch sterben muss.»*(Chr. Blumhardt)[174] Dem ist nichts hinzuzufügen.

9.6. ZWEI NOTWENDIGE UNTERSCHEIDUNGEN

9.6.1. Erfahrung und Deutung von Erfahrung

In der Erneuerung unseres christlichen Dienstes der Krankenheilung wird es von Vorteil sein, wenn wir uns bei Menschen, die bereits in solchem Dienst stehen, umsehen und von ihnen lernen. Hier sind Erfahrungen gemacht, Fehler erkannt und korrigiert worden. Extreme wurden gesehen und abgebaut.

Unter den Erfahrungsberichten, die zugänglich sind, gibt es jedoch eine Reihe, die gerade unter diesem Gesichtspunkt eher vorsichtig zur Kenntnis genommen werden müssen. Der Praktiker, der oft 'nur' Erfahrung weitergeben will, steht in Gefahr, seine Erfahrungen unbewusst zu 'systematisieren'. Er unterlegt seinen Erfahrungen ein Erklärungssystem, von dem aus sie für ihn verständlich werden. Das ist solange nicht bedenklich, solange ein Gespräch diesen Zusammenhang bewusst machen kann. Die Differenz zwischen Erfahrung und systematisierender Interpretation muss aber offen bleiben und sollte bewusst sein. Schwierig wird es erst, wenn diese Differenz schwindet, wenn ein Gespräch über ein andersartiges Verständnis nicht mehr geführt werden kann.[175]

Dort, wo echte Erfahrungen vorliegen, werden wir sie zur Kenntnis nehmen und von ihnen lernen. Allerdings werden wir vorsichtig bleiben. Manchmal scheinen durch einzelne Berichte noch echte Erfahrungen hindurch. Sie sind aber durch den ihnen beigegebenen Verständnisraster so verformt, dass die Erkenntnis des 'Echten' nur noch unter Schwierigkeiten möglich ist.[176] Das gilt auch für die Berichte, die uns aus dem Bereich der Kirchengeschichte vorliegen.

9.6.2. Die Kraft Gottes, die Kräfte des Menschen und die Kräfte des Bösen

Ein Grundzug biblischer Wirklichkeitserfahrung besteht darin, dass man in der Frage der *Kraft* zwischen Gott, dem Menschen und dem Bösen klar zu unterscheiden weiss. Auf die Geistbegabungen im Neuen Testament, die ja alle auch Krafterfahrungen waren, melden sich sofort die dämonischen Kräfte zu Wort. Zwischen Kraft und Kraft wird in der Bibel sehr genau differenziert. Dieselbe klare Unterscheidung zwischen dem, was von Gott kommt, was bloss menschlich ist oder gar vom Bösen herkommt, treffen wir in der Verkündigung der beiden Blumhardt.

Manche Erfahrungsberichte von Krankenheilungen bleiben an diesem Punkt äusserst unklar. Es gibt Darstellungen, die in der Nähe einer psychologisierenden Theologie stehen, bei der die Grenze zwischen innerpsychischen Kräften und der Kraft Gottes nicht mehr feststellbar ist. Manchmal bleibt sogar undeutlich, ob von einer solchen Grenze überhaupt noch gewusst wird. Es ist von 'Kräften' die Rede, die 'eingeschaltet' werden, ohne dass klar wird, worum es sich hier handelt. Der Hinweis darauf, dass 'Kraft' vorhanden ist, wenn man sich dafür 'öffnet', ist nur dann wirklich hilfreich, wenn er verbunden ist mit einer biblischen Verwurzelung und Unterscheidung.

Wir stehen in Auseinandersetzungen, die wohl noch stark zunehmen werden. Im Blick auf das Thema Krankenheilung haben wir es auf der einen Seite mit Naturheilärzten zu tun, die neben manchen natürlichen Kräften um altes Wissen über Magie und Zauberei verfügen und dieses Wissen einsetzen. Daneben erringt die anthroposophische Form der Medizin immer mehr Anerkennung in der Öffentlichkeit. Auch sie weiss um 'Kräfte' geistiger Natur und arbeitet bewusst mit ihnen. Endlich sind die Geistheiler zu nennen, die in alten und neuen Formen von sich reden machen. Hinter diesen Formen steht mehr oder weniger bewusst der Anspruch, die 'Kräfte', die hier eingesetzt würden, seien entweder neutral oder Kräfte Gottes. Diese Gleichung hält jedoch der Bibel nicht stand. Die biblischen Texte wissen um Differenzierungen, die wir nicht preisgeben dürfen. Christliche Krafterfahrung wird eine

Auseinandersetzung damit nicht umgehen können und es auch nicht dürfen![177]

9.7. 'KRANKHEIT' UND 'DÄMONIE'

Missionare, die in 'primitiven Kulturen' tätig sind, berichten vom oft überraschenden Wissen einheimischer Glaubender. Gerade in der Frage nach der 'Kraft', die hinter einem Menschen steht – und Krankenheilung ist eine Sache der 'Kraft' – können uns ganz verschiedene Wirklichkeiten nahe kommen. Es sind verschiedene Mächte, die sich aufmachen, um Macht über den Menschen zu gewinnen. So berichten Missionare, die in Ostasien in der Urstammarbeit stehen, sie müssten die Frage okkulter Bindungen kaum direkt aufwerfen. Es sei diesen Menschen völlig klar, dass ein Eingehen auf das Evangelium nur mit dem entschlossenen Bruch und der Lossage von allen Mächten, denen man sich vorher unterstellt hatte, möglich sei. Der Blick für den dämonischen Hintergrund, der sich hinter der sichtbaren Wirklichkeit auftut, ist viel offener und die Dinge werden klarer als bei uns. Heilung von Krankheit bedeutet eine Lösung aus einer Machtbindung und geht meist mit ihr Hand in Hand.

Auch aus unseren Gebieten wissen wir um diese Erscheinungen. Spiritismus, Magie usw. greifen in ihren verschiedenen Formen in die meisten Familien hinein und belasten die Menschen. Auch in den alten Formen (Magie und Zauberei, Pendeln, Besprechen usw.) sind die 'klassischen' Mächte unter uns präsent.

Dennoch besteht ein tiefgreifender Unterschied zu unserer Zeit. Wir haben unser tägliches Leben an seiner Oberfläche so stark rationalisiert, dass wir weitgehend blind geworden sind, wie gerade die 'rationalen' Errungenschaften der modernen Zivilisation ihrerseits *Machtcharakter* an sich tragen. Sie stehen aber in ihrer belastenden Kraft den klassischen Formen des Okkulten in nichts nach, ja sie haben sich zur Tarnung das Gewand rationaler Erscheinungen gegeben. Es ist eine Verengung unserer Sicht, wenn wir das Okkulte auf seine klassischen Erscheinungsformen fixieren. Wir müssen einen offenen Blick dafür erhalten, dass sich die Mächte des Bösen, die über den Menschen Macht gewinnen wollen, mit dem Wandel unseres Weltbildes in ein rationales Gewand gehüllt haben.

Unser Fragen nach den Mächten ist gewöhnlich zu stark von konkreten 'Formen', die wir aus der Vergangenheit kennen und relativ leicht identifizieren können, fixiert. Die 'Formen' sind jedoch nur eine Seite. Wir müssen unser Fragen erweitern und nach den konkreten 'Mächten' fragen, die jeweils hinter diesen Formen stehen. Erst so können wir auch nach den neuen 'Formen' Ausschau halten, in denen diese Mächte unter uns Raum gewinnen. Spricht man z.B. von Sucht, so werden die Menschen an die ihnen bekannten 'Formen' von Sucht, den Alkoholismus, die Drogensucht usw. denken. Das ist auch richtig so. Dass hinter diesen Problemen 'Mächte' stehen, müsste uns viel bewusster sein. Alle Verharmlosungen, die sowohl in den Fragen des Okkulten wie der Süchte unter uns kursieren, müssen ausgeräumt werden. All das darf uns aber nicht für die neuen Formen blind machen, in denen heute 'Mächte' nach uns greifen, um uns in ihren Gehorsam zu zwingen. Gedacht ist z.B. an die Möglichkeiten der Unterhaltungselektronik, das Autofahren und die Sucht zum Konsum all dessen, 'was *man* heute einfach braucht'. Auch das sind nur Ausschnitte. In so vielen Dingen, die gesellschaftlich als 'normal', als 'Standard' gelten, greifen Mächte tief und beherrschend in unser Leben hinein und prägen unerkannt unsere Lebensgestaltung. *Wer* sagt mir, was ich wirklich brauche? *Wer* setzt mir die Massstäbe, nach denen ich mein Leben gestalte? *Wer* sagt mir, was wirklich 'normal' ist? Geht man diesen Fragen nach, erkennt man bald einmal, wie stark die moderne Wirtschaft und Technik durch ihre Eigeninteressen in diese Fragen verwickelt sind. Der Umgang mit diesen Fragen kann nur dann hilfreich sein, wenn wir sehen, dass wir es hier mit 'Mächten' zu tun haben, die von uns Gehorsam fordern.

Im Neuen Testament wird ein enger Zusammenhang zwischen Dämonie und Krankheit erkannt. Wir werden diese Zusammenhänge neu sehen lernen müssen. Umgekehrt aber gilt auch, dass die Grenze, die zwischen Krankheit und Dämonie bereits im Neuen Testament fliessend erscheint, uns auch heute oftmals unklar bleiben wird.

Die Differenz, die zwischen Krankheit und okkulter Belastung besteht, muss aber durchgehalten werden. Von *Krankheit* dürfen wir *Heilung* erwarten. Bei *Belastungen* braucht es dagegen *Befreiung*. Wir stehen damit an einer Grenze dessen, was ein Buch über Krankenheilung leisten kann.[178] Hinweise müssen genügen.

* Wo Krankheit in einer Familie gehäuft auftritt, sich wiederholt, ist die Frage nach Belastung zu stellen.

* Wo Krankheit unter Gebet nicht weichen will, vor allem dort, wo sie den inneren Blick auf Gott lähmt und das Gebet hindert, die Freude

106

am Evangelium verbaut, dort wird zu fragen sein, ob nicht Bindungen im Hintergrund stehen, die zuvor einer Lösung bedürfen.

* Wo Leidenschaften im Leben eines Menschen starken Raum einnehmen und trotz dem Willen zur Befreiung keine Überwindung möglich scheint, wird man nach Belastungen, die gelöst werden müssen, fragen.

* Man hat sorgsam darauf zu achten, dass hier nicht Belastung mit Schwäche, die im Leben eines Menschen liegen kann oder durch eine Krankheit bedingt ist, verwechselt wird. Besonders dort, wo im Zusammenhang mit Krankheit mancherlei Nöte und Schwächen auf einem Menschen liegen, hat man ausserordentlich vorsichtig zu sein.

Auch bei der Frage nach Belastung gehen wir von Jesus und seinem für uns erworbenen und feststehenden Sieg aus. Er liegt *hinter uns* und nur so auch *vor uns*.

Belastungen werden im Beisein von Zeugen vor Gott gelöst. Auf unserer Seite steht die *Absage* von den Mächten, unter denen wir stehen. Gott selbst verwandelt unsere Absage in seine *messianische Befreiung*. Darin, und nur darin liegt auch für uns die Überwindung der Mächte, unter denen wir in dieser Welt leben.[179]

TEIL IV: ZUR PRAXIS DER KRANKENHEILUNG

10. LEITGEDANKEN ZUR PRAXIS

10.1. NICHTS NEUES – NICHTS BESONDERES

Fragen wir nach einer Erneuerung der Praxis, so haben wir zuvor mit zu bedenken, wie solche Praxis überhaupt sachgerecht durchgeführt werden kann. Angesichts unserer gemeindlichen Wirklichkeit, in der wir uns über Jahrhunderte hinweg an das gewöhnt haben, was uns nun 'normal' erscheint, wird jede Erneuerung leicht als Neuheit und damit als Fremdheit empfunden werden.

Die biblische Untersuchung hat uns jedoch gezeigt, dass Krankenheilung zu den Grundfunktionen des Auftrages Jesu gehört. Was hier angeregt wird, will *nichts Neues* sondern das von der Bibel Gebotene lehren. *Nichts Besonderes*, sondern das uns Aufgetragene soll wieder eingesetzt werden.

Jede Verwirklichung sollte sorgsam danach fragen, wie beide Gesichtspunkte gegenüber den Gemeinden und der Öffentlichkeit Ausdruck finden können. Man sollte sich dazu Zeit nehmen und mit Sorgfalt und Behutsamkeit vorgehen. Das, was wir tun wollen, soll auch so, wie es gemeint ist, verständlich werden: *Krankenheilung ist nichts Neues und nichts Besonderes.* Nicht nur hier, sondern in allen Bereichen gemeindlicher Wirklichkeit leben wir davon, dass Gott uns von der Kraft der kommenden Welt gibt und sie durch uns durchsetzen will. Das ist weder 'neu' noch etwas 'Besonderes'.

10.2. DER AUFTRAG GILT DER GEMEINDE

In der Durchführung des Heilungsauftrages haben wir die Möglichkeit, aus jeder Form des Spezialistentums auszubrechen, die Wirklichkeit von 'Gemeinde' zu erfahren und im Dienst sichtbar werden zu lassen.

In jeder Gemeinde sind die Voraussetzungen, auf die man sich einzustellen hat, anders. Darum kann hier auch kein Rezept für ein konkretes Vorgehen, das in jede Situation passt, angeboten werden. Trotzdem kann man auf einzelne Dinge aufmerksam machen, die in der Frage nach einem Anfang des Heilungsdienstes in der eigenen Gemeinde leitend sein können.

108

Zunächst wird man nach einem Kreis von Menschen Ausschau halten, der die Frage nach der Krankenheilung aufnimmt. Damit es für die Gemeinde nicht zu Missverständnissen kommt, sollte ihm einer der leitenden Mitarbeiter, eventuell ein Pfarrer, angehören. Die Existenz einer solchen Gruppe soll bekannt, die Teilnahme für diejenigen, die sich zur Mitarbeit verpflichten, offen sein. Der Kreis muss selbst den Eindruck haben und nach aussen vermitteln können, dass er als Dienst-kreis der Gemeinde anerkannt ist, vergleichbar mit anderen Mitarbei-terkreisen (z. B. den Sonntagsschulhelfern usw.).

Im gemeinsamen Studium der Bibel wird zuerst die Gewissheit über den Auftrag erwachsen. Es muss deutlich werden, dass nicht menschliche Ideen Grundlage dieses Auftrages sind, sondern das klare biblische Zeugnis. Im gemeinsamen Gebet wird der Kreis diesen Auf-trag im Gehorsam vor Gott anerkennen und nach den Schritten fragen, wie er in der Gemeinde konkrete Gestalt annehmen kann. Am Anfang sollte die innere Einheit über diesem Auftrag dem Kreis deutlich wer-den und die Bereitschaft der einzelnen Mitglieder da sein, solchen Dienst sowohl im Gebet als auch in praktischer Mithilfe durchzutra-gen.

10.3. DER ORT DES DIENSTES: DIE GEMEINDE!

Es ist immer bedenklich, wenn ein Auftrag, der der Gemeinde als *ganzer* gilt, nur von einem Teil der Gemeinde oder gar an ihrem Rande aufgenommen wird. Er gerät so in den Verdacht, Sache nur einer ein-zelnen Gruppe zu sein. Auch wenn aus praktischen Gründen nur ein Kreis in der Gemeinde sich hinter dieses Anliegen stellt, so wird er es doch so tun müssen, dass er damit bewusst einen Auftrag *der ganzen Gemeinde* übernimmt.

Denkbar ist, dass ein einzelner Hauskreis in einer Gemeinde bereit ist, sich verpflichtend hinter den Dienst der Krankenheilung zu stellen. Vielleicht tut er das schon im Verborgenen. Dann wird man darauf sehen, dass dieser Dienst als Dienst *in der Gemeinde und für die Ge-meinde* unmissverständlich deutlich wird. Das ist in der Regel nicht einfach Sache des jeweiligen Kreises, sondern vor allem derer, die für die Leitung der Gemeinde Verantwortung tragen. Die Gemeinde darf die Menschen, die für solchen Dienst offen sind, nicht isolieren. Sie muss ihnen helfen, den rechten Ort für solchen Dienst einzuneh-men![180]

10.4. KRANKHEITSPROBLEME UND GEMEINDELEBEN

Es gibt wenige Probleme, die so tief das Leben der Menschen und ihrer Angehörigen prägen und belasten, wie die Nöte der Krankheit. Sieht man sich um, was normalerweise von einer Gemeinde an kirchlichen Veranstaltungen angeboten wird, so bietet sie aber in der Regel keine Gelegenheiten an, über diese Fragen zu reden. Auch von sich aus sprechen die Gemeinden die damit verbundenen Nöte kaum an und erwecken dadurch unweigerlich den Eindruck, die Kirche habe zum Problemkreis Krankheit kein hilfreiches Wort. Und wieviel hätte sie doch zu sagen!

Die Kirche wird darauf bedacht sein, den Menschen viel mehr an Möglichkeiten anzubieten, wo die sie beschäftigenden Probleme beim Namen genannt werden können, die bedrängenden Fragen ausgesprochen und gemeinsam erörtert werden. Das Angebot des Einzelgespräches ist da. Aber wer findet schon dazu? Entweder besteht bereits ein Kontakt zu einem kirchlichen Mitarbeiter, der nun aktiviert werden kann, oder der Druck der Probleme ist bereits so gross, dass nur noch dieser 'letzte Ausweg' bleibt.

Es darf uns angesichts dieser Situation nicht wundern, wenn die kirchlich weithin passiven Gemeindemitglieder, die die Dienste der Kirche ohnehin kaum mehr in Anspruch nehmen, in den Fragen der Krankheit von der Kirche nichts erwarten. Das muss eine dringende Anfrage an den Inhalt kirchlichen Redens und die Form der kirchlichen Arbeit sein. Wenn Krankenheilung Grundfunktion kirchlichen Auftrages ist, dann muss das zu einer Erneuerung sowohl unseres Redens wie unseres Tuns führen, die bis in die Programme kirchlicher Aktivitäten ihren Ausdruck findet.

10.5. KRANKENHEILUNG – AUFGABE IM GOTTESDIENST?!

Krankenheilung soll innerhalb des Gemeindelebens ausgeübt werden. Gleichzeitig aber soll dadurch nichts 'Neues' und nichts 'Besonderes' eingeführt werden. In den meisten Gemeinden gibt es bereits Aktivitäten, in die dieser Dienst integriert werden kann.

Der Hauptgottesdienst am Sonntagmorgen, der ohnehin schon mit einer Vielzahl von Einzelaufgaben belastet ist, wird sich dafür kaum nahelegen. Oft gibt es aber andere gottesdienstliche Veranstaltungen, die ohne eine 'Verfremdung' Raum für das Anliegen von Kranken, für den Auftrag der Heilung bieten. Gedacht ist in erster Linie an *Wochengottesdienste* oder *Abendgottesdienste*. Es handelt sich gegenüber dem Sonntagmorgen-Gottesdienst meist um kleinere Veranstaltungen, die trotzdem grundsätzlich allen Besuchern offenstehen. Der kleinere Rahmen ermöglicht freiere Formen und hilft zu grösserer menschlicher Nähe.

Die Liturgie des Gottesdienstes enthält bereits die wesentlichen Elemente, die für die Durchführung eines Heilungsdienstes notwendig sind.

* Im Rahmen der *Verkündigung* kann eine Gemeinde zur Erkenntnis geführt werden, dass es sich bei geistlicher Krankenheilung um einen Auftrag handelt, der uns aus der Bibel gegeben ist. Anhand einzelner Texte können die verschiedenen Aspekte und Probleme aufgezeigt werden. Vor allem kann unter solcher Verkündigung auch in der Gemeinde der Glaube erwachen, wachsen und gestärkt werden, dass unser Gott in Jesus Christus auch für diese Probleme des Leibes zuständig ist. Je nach der Offenheit in einer Gemeinde werden auch die vielfältigen Einzelprobleme mehr seelsorgerlicher Art, soweit man im Rahmen der Verkündigung überhaupt auf sie eingehen kann, zur Sprache kommen.

* Innerhalb des Gottesdienstes kann auch der Mitwirkung *von Laien* Raum gegeben werden. Gedacht ist vor allem an den verbindlichen Mitarbeiterkreis, der in Gebet und Mitarbeit solche Arbeit trägt. Die Mitarbeit kann in Lesung und Gebet bestehen. Denkbar ist auch, dass der Teil der Verkündigung, der sich mehr mit praktischen, seelsorgerlichen Einzelfragen beschäftigt, von den Mitarbeitern getragen wird. Man wird die Verkündigung in verschiedenen Formen gestalten. Wo es möglich und hilfreich ist, sollten Berichte aus dem Leben einzelner Menschen durchscheinen oder direkt erzählt werden. Dass gerade solches Erzählen auch problematisch sein kann, sollte bewusst bleiben. Allgemein gilt, dass nicht nur der Heilungsdienst als ganzer, sondern auch die konkrete Verkündigung vom ganzen Mitarbeiterkreis vorbereitet und in der gemeinsamen Verantwortung getragen werden soll.

* Ist es in einer Gemeinde zu verwirklichen, so sollte sie eine Möglichkeit schaffen, dass die Menschen ihre Fragen und Probleme beim Namen nennen können. Ob das innerhalb des Gottesdienstes selbst

möglich wird, ist eher fraglich. Man kann aber nach einem solchen Gottesdienst noch zu einem Zusammensein einladen, bei dem der Mitarbeiterkreis den Besuchern für Gespräche und Beratung zur Verfügung steht. Auch zur Seelsorge sollte unaufdringlich aber konkret eingeladen werden. In den Gesprächen wird man deutlich darstellen, dass *Heilung* wirklich eine Einheit mit dem *Heil* Gottes bildet, die Gesundung im leiblichen Sinn also immer eine umfassende Erneuerung meint, zu ihr beitragen und hinführen will.

* Die *Fürbitte*, überhaupt die Gebete während des Gottesdienstes, sollten zwar nicht auf die Anliegen der Krankheit eingeschränkt werden, für diese Probleme jedoch speziell offen sein. Wichtig erscheint, dass die einzelnen, bekannten Nöte im Gebet *konkret* genannt werden können. Man kann den Gottesdienstbesuchern Gelegenheit geben, Fürbitteanliegen laut zu nennen und selbst an der Fürbitte teilzunehmen. Daneben sollte es auch möglich sein, ohne Nennung eines Namens konkrete Anliegen schriftlich und anonym mitzubringen. Sie können vor oder während dem Gottesdienst abgegeben und durch den Mitarbeiterkreis vor der Gemeinde betend genannt werden. So können, ohne Einbruch in eine Intimsphäre, konkrete Anliegen der Gemeinde wirklich konkret werden.

Meines Erachtens liegt hier ein wichtiger Impuls für das gemeindliche Leben, der weit über das engere Anliegen der Heilung hinausweist. Wieviele Menschen beten nicht mehr, weil sie ihr eigenes Unvermögen spüren. Oft ist es nicht Desinteresse, sondern ein innerer Abstand, der über viele Jahre hinweg gewachsen ist und nun nicht einfach übersprungen werden kann. So kann der Gottesdienst zum Ort werden, wo der Einzelne für sich um den Dienst des Gebetes bitten darf, ohne deshalb aus seinem eigenen Unvermögen schon heraustreten zu müssen.

* Der Mitarbeiterkreis wird die Fürbitte gemeinsam gestalten. Je nach Länge empfiehlt sich eine einfache, vielleicht auch durch Lieder aufgelockerte liturgische Form. Dadurch wird eine Gliederung des Gebetes erlaubt und die Gemeinde zur aktiven Mitwirkung eingeladen.

Die Gemeinde soll wissen, dass die konkret genannten Nöte vom Mitarbeiterkreis auch über den Gottesdienst hinaus im Gebet weitergetragen werden. Dadurch wird deutlich, dass Gebet ein 'Dienst' ist, der zu den Grundlagen der Kirche gehört.

112

* Bedeutsam erscheint der Teil der *Segnung*. Auch dazu wird zunächst eine Einführung erforderlich sein. Die Gemeinde muss in der Verkündigung vernehmen und sich vergegenwärtigen können, was in der Bibel mit einer Segenshandlung gemeint ist. Der in den gewöhnlichen Gottesdiensten allgemein gehaltene Segen kann Menschen, die in Not sind oder eine Stärkung für ihr Leben aus dem Glauben suchen, direkt zugesprochen werden.

Praktisch wird das so aussehen, dass man neben dem weiterhin gegebenen allgemeinen Segen dazu einlädt, zur Segnung unter Handauflegung zum Leiter des Gottesdienstes und seinen Mitarbeitern zu kommen. Denkbar ist, dass dabei in wenigen Sätzen das genaue Anliegen, für das um Stärkung gebetet wird, genannt wird. Der Segnende kann es so in einem kurzen Gebet aufnehmen und den Segen unter Handauflegung direkt zusprechen. Das kann so still geschehen, dass dabei die seelsorgerliche Intimität nicht verletzt wird. Eine solche Regelung wird dazu helfen, dass die Anliegen der Menschen endlich *konkret* zu Wort kommen und nicht länger in grossen, pauschalen Worten verpackt bleiben.

Gut ist es, wenn dieser Dienst nicht Sache einer Einzelperson wird. Vielleicht sind es Glieder des Mitarbeiterkreises gemeinsam mit dem Pfarrer, vielleicht Pfarrkollegen, die zu solchem Dienst eins geworden sind. Für die Gemeinde sollte nicht ein Einzelner dominierend in den Vordergrund rücken. Jesus selbst als der Auferstandene, Erhöhte und Gegenwärtige sollte erfahrbar Mittelpunkt des Dienstes sein.

* In irgendeiner Form sollte auch der *Beichte* Platz eingeräumt werden. Man kann in einer Liturgie mit einem Bussteil, der aus Lesung, Stille und Gebet besteht und den konkreten Zuspruch der Vergebung enthält, Menschen das bewusste innere Mitgehen ermöglichen. Vielleicht wird solche Feier der erste Schritt zu einer persönlichen Aussprache sein. Zu Seelsorge, zu Gespräch und Beichte wird man direkt einladen.

* In der Gestaltung des *Abendmahls* wird das Anliegen der Stärkung, der Segnung und der Erfahrung der Kraft Gottes für unsere menschlichen Schwachheiten seinen Ausdruck finden. Hier tun sich Möglichkeiten auf, auch innerhalb bestehender Formen den umfassenden Reichtum Gottes den heutigen Menschen auf neue Weise erfahrbar zu machen.

10.6. KRANKENHEILUNG UND GEMEINDEARBEIT

Weitere Möglichkeiten, wie dieser Dienst in einer Gemeinde verwirklicht werden kann, werden sich überall etwas anders darbieten.

Wo ein Dienst der Krankenheilung nicht oder noch nicht durchgeführt werden kann, sollte man zum Beispiel bei der Abendmahlsfeier, aber auch im Segnungsteil eines normalen Gottesdienstes die Krankheitsnöte der Gemeinde beim Namen nennen. Im Fürbitteteil kann man, wie es in der katholischen Krankenliturgie geschieht, konkret um Heilung beten. Schön wäre es, wenn sich Pfarrer verschiedener Gemeinden zur Besprechung dieser Frage, vielleicht zur Vorbereitung eines speziellen Krankengottesdienstes, zusammenfinden.

Man wird auch danach fragen, in welcher Form die 'Regel des Jakobus' (Jakobus 5,14ff) in der Gemeinde verwirklicht werden kann.[181] Wer die 'Ältesten' heute sind, ist nicht einfach zu beantworten.[182] Die beste Lösung wäre, wenn dieser Dienst vom Pfarrer in Zusammenarbeit mit Mitarbeitern der Gemeinde, vielleicht mit Mitgliedern des Kirchenvorstandes, übernommen wird.[183] Dass in der Gemeinde dieser Dienst besteht und in Anspruch genommen werden kann, muss bekannt sein.

11. SEELSORGERLICHE EINZELFRAGEN

In Gesprächen über Krankenheilung tauchen verschiedene Fragen immer wieder auf. Einzelne davon werden hier mit der ausdrücklichen Bitte um Ergänzung genannt. Die Antworten werden nicht umfassend ausgeführt. Sie wollen eher in die Richtung weisen, in der eine Antwort für die persönliche Situation zu suchen und zu geben ist. Echte Fragen sind meist sehr persönliche Fragen, die aus konkreten Situationen kommen. Darum sei dazu ermutigt, das Gespräch mit einem Seelsorger zu suchen, um unter der Führung Jesu eine Antwort für das eigene Leben zu suchen, zu erbitten und zu finden.

«Wenn es Krankenheilung aus Glauben gibt, benötigen wir dann die MODERNE MEDIZIN nicht mehr?»

Zwischen geistlicher Krankenheilung und dem Gang zum Arzt besteht zunächst *kein* Gegensatz. Arzt und Seelsorger arbeiten, wenn man so sagen will, auf verschiedenen Ebenen, die sich ergänzen können und nicht widersprechen müssen. Jede Seite hat ihr eigenes

Gewicht und ihr Recht. Wenn möglich sollte es zwischen dem Arzt und dem Seelsorger zum Gespräch und zur gegenseitigen *Ergänzung* kommen.

Es darf in der Praxis nicht dazu kommen, dass man aus 'Glaubensgründen' dem Gang zum Arzt widersteht! Umgekehrt darf es aber auch nicht so aussehen, als ob der Gang zum Arzt die einzige 'christliche' Antwort auf das Problem der Krankheit ist.

«Muss man einfach genug glauben, damit man gesund wird?»

Glauben sollte man immer. Die biblischen Texte verbinden jedoch Glauben und Heilung nicht so, als ob der Glaube die Bedingung für eine Heilung ist. Erfahrungsberichte, die man ernst nehmen darf, sprechen sogar davon, dass die Verpflichtung zum Glauben eher auf der Seite derer liegt, die um Heilung beten und den Dienst der Heilung im Namen Jesu ausüben, nicht auf der Seite des Kranken! Auf beide Seiten hin gesagt gilt jedoch: Jesus als der erhöhte und gegenwärtige Herr ist der Heilende, nicht der Glaube des Betenden, auch nicht der Glaube des Kranken!

«Muss man nicht zunächst um Erkenntnis bitten, was diese Krankheit im Leben des Kranken bewirken will, bevor um Heilung gebetet wird?»

Der Gedanke, der hinter solcher Überlegung steht, darf sicher nicht einfach auf die Seite geschoben werden. Krankheiten sind vielleicht öfter als wir denken Zeichen dafür, dass in unserem Leben Änderungen herbeigeführt werden müssen. Man kann nicht gut auf der einen Seite die schöpfungsmässigen Grenzen, die uns gegeben sind, ständig überspringen und dann von Gott Heilung erbitten, ohne in seiner Lebensführung etwas ändern zu wollen.

Merkwürdig bleibt aber, dass wir im Neuen Testament keinen derartigen Hinweis finden. Weder Jesus noch die Apostel haben nach dem 'Sinn' einer Krankheit gefragt. Die Bitte um Heilung kennt vom Neuen Testament her keine Einschränkung! Uns sollte feststehen, dass Gott in der grossen Linie seines Willens für den Menschen Heilung und nicht seine Krankheit will.

«Darf man denn so einfach um Heilung von Krankheit bitten?»

Steht hinter dieser Frage die Meinung, es sei nicht so klar, ob Gott die Heilung eines Menschen will?

Man kann sich das damit zusammenhängenden Problem am besten an Kindern deutlich machen. Hätte ein Kind Bedenken, seinen eigenen Vater 'so einfach um Heilung zu bitten'? Ist das wirklich der Fall, dann ist die Beziehung zwischen Vater und Kind schwer gestört, also alles andere als normal. Sind wir als Christen nicht die 'Kinder' eines liebenden 'Vaters'? Sein Wille zur Heilung und Hilfe darf uns von der Bibel her gewiss sein.

«Kann Krankheit einem Menschen nicht zum Segen werden?»

Ja, sie kann. Aber soll uns diese Möglichkeit daran hindern, das, was wir als klaren Willen Gottes vor uns sehen, von ihm auch zu erbitten? Will Gott Krankheit, aus welchem Grund auch immer, von uns nicht wegnehmen, dann wird er das unmissverständlich kundtun. Die Bitte um Heilung bedarf aber keiner vorherigen 'Erlaubnis'!

Dass eine Krankheit einem Menschen zum Segen wird, gilt auch nicht in jedem Fall. Sie kann im Leben eines Menschen Werkzeug werden, das zur Segnung dieses Menschen dient. Der Gedanke jedoch, dass Krankheit in sich ein 'Segen' sei, widerspricht zunächst dem, was das Neue Testament aussagt. Jesus jedenfalls hat während seiner irdischen Wirksamkeit keinem Menschen solchen 'Segen' belassen oder gar gespendet!

«Ist es nicht ein grösseres Wunder, wenn man sich unter Krankheit als unter Gottes Willen beugt, als wenn man so schnell gesund wird?»

Die Antwort auf diese Frage ist, wie die Frage selbst, vielschichtig. Hinter ihr kann die Meinung stehen, wenn Krankheit da sei, dann sei das schon Gottes Wille. Jede Bitte um Heilung erscheint einem dann natürlich als menschliche Auflehnung, während die 'Ergebung' in die Krankheit für Glaubensreife gehalten wird. Man hat hier sorgfältig zu unterscheiden. Wir haben uns *Gott*, aber nie einer Krankheit zu ergeben! Es müsste unter uns zu einer 'heiligen Auflehnung' gegen die Mächte des Bösen und ihr scheinbar so ungebrochenes Regiment in unserer Mitte kommen. Darin ist die Auflehnung gegen die Krankheit als einer Erscheinungsform des Bösen eingeschlossen. Wer sich nicht so auf Gottes Seite stellen kann, der sehe zu, dass er sich nicht in 'frommer Ergebung' gegen Gott selbst stellt.

Der Bibel steht der Auftrag zur Heilung fest. Ihr steht auch fest, dass darin Gottes Wille deutlich kund wird. Wir haben den *Sieg* Jesu zu verkünden, zu erwarten und zu erbitten. Wer sich 'unter Gottes

Willen beugt', der hat sich zunächst unter den uns in der Bibel bezeugten Willen Gottes *zur Heilung* zu beugen! Die Frage, ob man – in der Annahme des Willens Gottes – unter einer Krankheit bleiben muss, erhält erst da ihr Gewicht, wenn Gott die Bitte um Heilung nicht erhört und deutlich macht, dass er mit diesem konkreten Menschen einen anderen Weg gehen will.

«Ist es nicht immer ein Sonderfall, wenn ein Mensch gesund wird? Weiss nicht auch das Neue Testament um Menschen, die krank gewesen und geblieben sind?» [In diesem Zusammenhang wird oft auf Paulus und seinen 'Pfahl für das Fleisch' hingewiesen, von dem er ja trotz dreimaligem Gebet keine Befreiung erhielt; 2. Korinther 12,7ff]

Die Exegese dieses Abschnittes ist im einzelnen schwierig. Handelt es sich wirklich um Krankheit? Wenn ja, um welche? – Folgende Elemente sind uns klar:

* Paulus bitte zunächst *ohne* Vorüberlegung und *konkret* um seine Befreiung! Er fragt zuerst einmal *nicht* danach, ob diese Form der Anfechtung von Gott verordnet sei. Das weiss er erst *nachher*! Die Bitte um Befreiung und Heilung ist auch für Paulus das *erste* und *selbstverständliche*.

* Paulus bittet *dreimal*! Das bedeutet doch, dass er die ausbleibende Erhörung nicht sofort so deutet, dass dieser 'Pfahl für das Fleisch' Gottes Wille für ihn sein müsse.

* Dass er ihn weiterhin zu tragen hat, das wird ihm von Gott *ausdrücklich* gesagt und im Zusammenhang der Erfahrungen seines Dienstes auch *verstehbar* gemacht. Paulus legt sich die Erklärung nicht selbst zurecht, da er von Gott nicht erhört worden ist. Er empfängt eine konkrete Antwort, die ihm in diesem besonderen Fall die bleibende Anfechtung als von Gott verordnet einsehen lässt.

Bei diesem Abschnitt sollten wir darauf achten, dass es sich um einen 'Sonderfall' handelt, der von Gott selbst so geregelt worden ist. Manche 'seelsorgerlichen' Bücher und Beiträge arbeiten mit diesem Beispiel des Paulus. Leicht wird dann aus diesem Wort des Herrn an Paulus der 'Normalfall' christlicher Krankheitsbewältigung. Was in Jesu Augen 'normal' ist, wird uns jedoch in seinen Sendungsworten und an seinem eigenen Handeln unübersehbar deutlich.

Im Umgang mit der Bibel ist es wichtig, immer danach zu fragen, welche Aussagen 'allgemeiner' Natur sind, also über den vorliegenden Einzelfall hinaus auf eine Grundlinie für den Willen und das Handeln Gottes hinweisen. Davon sind diejenigen Aussagen zu unterscheiden, die erkennbar für einen Einzelfall bestimmt sind.

«Sollte man nicht besser allgemein darum bitten, dass 'Gottes Wille geschehe', als so direkt nach Heilung zu verlangen?»

Uns sollte feststehen, dass Gott das umfassende Heil für uns Menschen will. Darum nimmt die Bitte um körperliche Heilung ihn bei diesem Willen ernst. Eine 'Bescheidenheit', die an seinem konkreten Wort vorbeigeht, seiner Verheissung nicht glaubt, wird vor ihm schwerlich als wirkliche Bescheidenheit gelten.

Die Bitte Jesu in Gethsemane, «Dein, nicht mein Wille geschehe», steht in einem für uns erkennbaren Zusammenhang, auf den man achten muss. Jesus wusste, dass der schwere Weg der Hingabe seines Lebens ins Leiden, in den Sühnetod am Kreuz vor ihm lag. Darum war seine Bitte «Dein Wille, nicht meiner geschehe» Ausdruck seiner Hingabe in diesen Willen des Vaters, der so klar vor ihm stand.

In diesem Sinn ist diese Bitte wichtig. Wenn Gott einen Menschen durch Krankheit hindurchführt und ihm das als seinen Willen deutlich macht, dann hat er sich unter diesen Willen Gottes zu stellen. Diese Bitte darf aber nicht zum Deckmantel werden, mit dem wir unser mangelndes Vertrauen, unsere mangelnde Hingabe an Gottes Willen, wie er uns in der Schrift gezeigt wird, entschuldigen wollen.

«In welcher Form soll man um Heilung beten?»

Keine Form ist 'geeigneter' als eine andere. Die Fixierung auf die Frage der Form, und mag sie noch so bewährt sein, verstellt uns den Blick darauf, dass Jesus als der erhöhte Herr selbst der Heilende ist. Wir sollten ihm in der Einfachheit eines Kindes nahe sein, das ganz natürlich bei ihm ist, ohne an eine besondere 'Form' zu denken. Die Frage nach der 'Form' spielt erst dort ihre – und auch dort eine untergeordnete – Rolle, wo man im Zusammensein mehrerer Menschen für das Gebet und den Dienst eine Ordnung finden muss. Diese Ordnung benötigen wir Menschen. Sie macht unser Gebet vor Gott nicht 'wirksamer'. So können sich Salbung und Handauflegung als

Hilfe zeigen. Aber gerade da, wo es sich um 'biblische Formen' handelt [man sollte genauer von 'Handlungsweisen, die in der Bibel bezeugt sind' sprechen], muss klar bleiben, dass Gott – und nicht die Salbung, nicht die Handauflegung! – der Heilende ist.

« Wie lange soll man um Heilung beten?»

Jesus und die Apostel haben nach dem Zeugnis des Neuen Testamentes so geheilt, dass die Menschen *sofort* gesund geworden sind. Auch aus der Kirchengeschichte haben wir Zeugnisse solcher unmittelbarer Heilungen. Wir kennen aber auch viele Berichte aus alter und neuer Zeit, die von Heilung aus Glauben als langsamen, sich oft länger hinziehenden Prozessen wissen. Jesus selbst ermutigt zum lange anhaltenden Gebet (vgl. Lukas 11,9; 18,1ff). Es gibt Erfahrungsberichte, die von wochen-, ja zum Teil von monatelangem, regelmässigem Gebet erzählen, begleitet von seelsorgerlicher Betreuung.

Einige Berichte machen auf folgende Erfahrung aufmerksam: Dort, wo sich unter dem konkreten Gebet um Heilung ein kleiner 'Fortschritt auf Heilung hin' zeigt, sollte auch konkret um volle Heilung weitergebetet werden. Wo sich aber auch unter längerem Gebet keine Spur der Besserung zeigt, sollte man eher danach fragen, ob Gott konkrete Dinge im Wege stehen, z.B. Belastungen, Schuld; oftmals wird auf ungeordnete Verhältnisse unter Menschen hingewiesen, vor allem auf mangelnde Vergebungsbereitschaft gegenüber Mitmenschen. Da hat nun auch die Frage an Gott Raum, ob er diesen Menschen durch eine bleibende Krankheit andere Wege führen will. Auf diese Frage sollte man eine konkrete Antwort erwarten, unter die man sich als einen klar erkannten Willen Gottes stellen kann, wie uns das von Paulus in seinem Leiden bezeugt wird (2. Korinther 12,8f).

« Ist es verantwortbar, beim Kranken eine so grosse Hoffnung auf Heilung zu wecken, und nach monatelangem Gebet ist je nachdem alles beim alten geblieben? Wäre es für den Kranken nicht 'barmherziger', wenn der Seelsorger ihn zum Ertragen der Krankheit führt und zur Dankbarkeit für das, was er an Gutem trotz der Krankheit besitzt?»

Wenn Gott uns in Jesus Christus sein volles, umfassendes Heil zusagt, dann muss das auch für den Menschen gelten, der trotz Gebet krank bleibt. Auch wenn Gott diese Neuheit – aus welchem Grund auch immer – in diesem konkreten Fall nicht durchsetzt, so kann es sich nach dem Zeugnis der Bibel immer nur um ein *noch nicht*, nicht um ein *nein* handeln. Wir haben Gottes Willen zu glauben und zu bezeugen und auf ihn unsere Hoffnung zu setzen.

Gottes grosses Ja muss uns von der Bibel her feststehen. Aus ihr wissen wir auch, dass Gott oft die Bezeugung seines Heiles jetzt noch nicht durchsetzt. Aus Gottes Antwort: *noch nicht* darf uns doch kein indirektes *Nein* werden. Auch wenn Gott im einzelnen Fall seine überwindende Macht gegen die Mächte des Bösen *noch nicht* durchsetzt, so ist das von seinem grossen und endgültigen Ja her zu verstehen, das er in seinem Sohn Jesus Christus am Kreuz auf Golgatha unübersehbar und endgültig gesprochen hat. Er hat versprochen, dieses sein Ja am Ende der Zeit auch sichtbar und endgültig durchzusetzen. Erst dann wird Gottes *noch nicht*, das er heute oft spricht, seinem *jetzt* weichen.[184]

Eine sogenannte 'barmherzige' Seelsorge, die nur zum Ertragen der Krankheit führt, von Gottes überwindender Kraft aber nicht zu zeugen weiss, wird immer in Gefahr stehen, Gottes letztes, triumphierendes Ja abzuschwächen. Die heilvolle Zuwendung Gottes gilt aber gerade dem Kranken.

Im Einzelfall kann es dazu kommen, dass Gottes JA für einen Menschen im Ertragen seiner Krankheit Gestalt annehmen will. Dann liegen die Dinge anders. Entscheidend bleibt, ob man Gottes grosses, letztes JA in der konkreten Situation eines Menschen durchhalten kann. Man meine doch ja nicht, eine Abschwächung dieses JA sei für den Menschen barmherziger.

«Was kann einem Gebet um Heilung im Wege stehen?»

Es gibt keine besonderen Gründe, die nur dem Gebet um Heilung und nicht auch jedem Gebet im Wege stehen. Andererseits wird man sich vor jedem Versuch hüten müssen, durch irgendwelche besonderen Methoden den 'Erfolg' seines Gebetes sichern zu wollen.

Das Neue Testament weiss um Dinge, die einem Gebet im Wege stehen können. Betont tritt uns der Hinweis auf Unversöhnlichkeit anderen Menschen gegenüber entgegen (vgl. Markus 11,24f). Im Zusammenhang mit dem Gebet um Heilung ruft vor allem Jakobus zum vorherigen gegenseitigen Bekenntnis der Schuld auf (Jakobus 5,16).

120

Einer Heilung muss aber nicht nur Schuld im Wege stehen. Krankheiten weisen fast immer auf ungeordnete Lebensverhältnisse hin, die zunächst einmal neu geregelt werden müssen. Unsere ganze Lebensführung gehört in dieses Bedenken hinein. Man kann nicht ständig Grenzen, die uns von Gott her gesetzt sind, überschreiten und seine Gebote übertreten, ohne dass das seine Auswirkungen bis tief in unsere Leiblichkeit zeitigt. Ist das der Fall, so kann man nicht einfach um Heilung bitten, sich einer Neuorientierung des Lebens aber widersetzen.

Der Frage, was einem Gebet um Heilung im Wege steht, wird man im konkreten Fall sorgfältig nachgehen müssen. Folgende Hinweise können hilfreich sein:

* Zunächst unterscheide man: *Wer* fragt danach? Der Kranke selbst oder jemand, der selbst den Gebetsdienst der Heilung tut?

* Danach wird man sorgfältig einzelne Bereiche zu unterscheiden haben, die hier in den Blick kommen:
  – Steht Gott etwas bei mir selbst im Wege?
  – Steht Gott etwas beim Kranken im Wege?

* Beide Bereiche sind zunächst 'individuell'. Sie meinen nur einen Menschen. Doch diese Fragerichtung allein genügt meist nicht. Wir haben noch zwei Bereiche zu bedenken:
  – Steht die Gemeinde, die Kirche, in der ich lebe, Gott im Wege, sodass er seine Kraft in ihr nicht mehr kund tun will?[185]
  – Steht die 'Zeit', in der wir leben, der Bezeugung der Kraft Gottes im Wege? Es kann sein, dass ich 'um der Zeit willen' für die besondere Situation, in der ich lebe, nicht auf besondere Hilfe warten kann. [186]

Die Frage nach dem, was dem Gebet um Heilung im Wege stehen kann, darf uns jedoch nicht so in den Vordergrund rücken, dass wir darüber das Eine vergessen: Jesus *ist* Sieger – und das ganz ohne uns und vor all unserer Frage nach ihm und seiner Überwindung. Auch hier dürfen wir das Vorletzte mit dem Letzten nicht verwechseln.

«Nicht geheilt – was nun?»

Ein Mensch sollte zur Gewissheit über seinen Weg vor Gott finden, sei es nun zur Heilung oder zum Bleiben in der Krankheit. Es ist zu einfach, wenn man aus dem einfachen Bleiben einer Krankheit darauf schliesst, es müsse so auch Gottes Wille sein.

Einem Menschen kann deutlich werden, dass sein Weg unter einer Krankheit weitergeht. Dann sollte ihm das, was Gott ihm dadurch sagen will, auch verstehbar werden. Er sollte mit Bewusstsein sagen können: «Dein Wille geschehe.» Solange das aber nicht deutlich ist, muss man ernsthaft fragen, ob der Rückschluss auf Gottes Willen nicht vorschnell gezogen worden ist. Gut ist auf jeden Fall, wenn man das Gespräch mit einem Menschen sucht, der Erfahrung hat und einem dazu helfen kann, die rechte Antwort für das eigene Leben zu finden.

«Es gibt doch Menschen, die auf ganz natürliche Weise mit Heilungskräften begabt sind. Handelt es sich bei der sogenannten 'geistlichen' Krankenheilung nicht viel eher um eine Aktivierung solcher natürlichen Kräfte?»

Sowohl Jesu Heilungen wie die der Gemeinde stehen in einem heilsgeschichtlichen Zusammenhang, der als ganzer gesehen und ernst genommen sein will. In Jesu Wirksamkeit bricht Gottes Herrschaft in unsere Welt herein. Seine Gemeinde ist in seinen Dienst genommen. Bis Jesus wiederkommt und die Mächte der Sünde und des Todes endgültig entthronen wird, hat sie seinen Sieg auszurufen und zu bezeugen. Krankenheilungen sind Zeichen: Gottes kommende Herrschaft bricht hier zeichenhaft an; Gott selbst entthront die Mächte der Krankheit und setzt sein Heil durch.

Ob die Kräfte, die zu dieser Heilung eingesetzt werden, 'natürlich' oder 'geistlich' sind, ist im einzelnen Fall oft nicht so leicht zu entscheiden. Wichtiger scheint, ob solch eine Heilung dazu führt, dass sich Gottes Herrschaft, die sich in der Heilung bezeugt, im Leben eben dieses Menschen auch durchsetzen kann. Jesus hat zehn Aussätzige geheilt. Aber nur einer kehrte zurück und bezeugte seine Dankbarkeit; und er war zudem noch ein Samariter.

Die Tatsache, dass es in diesem Bereich natürliche Begabungen gibt, bedeutet nicht, dass diese Gaben 'neutral' sind. Auch jede natürliche Begabung muss in den Dienst Jesu eingeordnet werden können. Hier liegen aber Gefährdungen, die von aussen her oft nicht leicht zu durchschauen sind. Begabungen, die uns 'natürlich' erscheinen, können – aber müssen nicht! – auch anderen Hintergrund haben. Der Hinweis, die 'Wirkungen' seien doch gut, hilft oft nur bedingt weiter.

Die Magd in Philippi (Apostelgeschichte 16,16ff) setzte ihre 'Gabe' sogar 'evangelistisch' ein. «Diese Menschen sind Diener des höchsten Gottes, die euch den Weg des Heils verkündigen.» Was sie sagte, war inhaltlich zutreffend. Und doch widerstand sie damit dem Dienst des Paulus. Ihre 'Begabung', ein Geist, der in ihr wohnte, musste auf den Namen Jesu hin von ihr weichen.

12. DIE BITTE UM HEILUNG UND DAS 'UNSER VATER'

Jesus hat seinen Jüngern ein Gebet gegeben, in dem alle Anliegen, die in einem Gebet vorkommen können, bereits enthalten sind, – die Anliegen Gottes, die Anliegen der Welt und die des einzelnen Menschen. Es ist für unser Gebet klärend, wenn wir uns bei den einzelnen Gebetsanliegen folgende Frage stellen: *Wo* innerhalb des 'Unser Vaters' hat dieses Anliegen seinen rechten Ort?[187]

Wohin innerhalb dieses Gebetes gehört die Bitte um Heilung? Sie kommt, wie sich zeigen lässt, nicht nur an einem, sondern an ganz verschiedenen Stellen vor.

Zunächst in der Bitte «Dein Reich komme». Damit bitten wir, dass Gottes Herrschaft in unserer Mitte in Kraft hereinbrechen und alle Herrschaften entthronen soll. Krankheit ist ein Zeichen dafür, dass der Sünde und dem Tod in unserer Welt noch Raum gegeben ist. Zunächst ist die Bitte um Heilung innerhalb des Unser Vaters ein *Anliegen Gottes*, um das er von uns gebeten sein will! Heilung ist ein Zeichen, dass Gott diese Herrschaft angetreten hat und sie zeichenhaft schon jetzt so durchsetzen kann, wie er sie am Ende der Zeiten in Vollkommenheit verwirklichen wird. Es ist wichtig, dass wir das sehen: Zunächst ist die Bitte um Krankenheilung überhaupt kein menschliches Anliegen, sondern ein Anliegen Gottes für unsere Welt.

Gehört die Bitte auch unter das Gebetswort «Dein Wille geschehe»? Sicher. Doch werden wir sofort sehen müssen, dass Gott das Heil des Menschen will. Wenn ein Mensch auch im konkreten Fall unter Gottes Führung vielleicht für kurze, vielleicht für längere Zeit krank bleiben muss, so steht der Wille Gottes unverrückbar vor uns. Gott ist ein Gott, «der dir alle deine Sünden vergibt und heilet alle deine Gebrechen.» Davon wissen wir und darum beten wir.

Wir beten aber auch um Heilung, wenn wir um die Vergebung unserer Schuld bitten. Der Zusammenhang von Krankheit und Schuld ist auch hier zu sehen. Nochmals soll es gesagt sein: Von persönlicher Krankheit ist auf die Schuld in der Welt, nicht auf persönliche Schuld zu schliessen. Aber umgekehrt gilt auch, dass die Freiheit von Schuld sich in Freiheit von Krankheit durchsetzen kann und will. Im Einzelfall kann das unter persönlicher Führung anders aussehen, doch der grosse Grundzug sollte uns von der Bibel her ganz gewiss sein.

Endlich bitten wir um Heilung von Krankheit auch, wenn wir beten «Erlöse uns von dem Bösen». Das Böse ist das, was dem Menschen, wie er von Gott gemeint ist, widersteht und das Bild Gottes in seiner konkreten Existenz zu zerstören sucht. Krankheit ist eine seiner Erscheinungsformen.

So erweist sich das 'Unser Vater' auf bedeutungsvolle Weise als vielfältiges Gebet um Heilung. Es weist dieser Bitte verschiedenen, aber auch konkreten Raum zu. Als Gebet um Heilung sollte es uns deutlich werden und zur bewussten Praxis unseres Dienstes führen, den unser Herr uns als bindenden Auftrag mitgegeben hat.

ANHANG: DAS WELTBILD DER BIBEL – UND WIR MENSCHEN VON HEUTE

1. DIE BIBEL UND DIE FRAGE NACH DEM WELTBILD

Beim Lesen der Bibel stossen wir an verschiedenen Stellen unweigerlich auf das Problem des 'Weltbildes'. Einen solchen Themenkreis stellen die Krankheits- und Heilungsberichte dar. Wir hören in der Bibel von einem engen Zusammenhang zwischen Krankheit und Sünde, lesen davon, dass Jesus Fieber 'bedroht' und einen 'Geist der Krankheit' austreibt. Wir kennen Berichte von Dämonen, Besessenen und deren Befreiung. Die Bibel bringt in ihrer ganzheitlichen Betrachtungsweise durchgehend Krankheit und Tod mit der Sünde der Menschen und der Herrschaft Satans in Zusammenhang.

Heute wissen wir durch den Fortschritt unserer Forschung sehr viel mehr über verschiedene Krankheiten, ihre Ursachen und ihre Bekämpfung. Dabei hören wir nichts mehr von Geistern und Dämonen, sondern von Bakterien und Viren. Für jeden Bibelleser stellt sich damit unweigerlich die Frage, ob die Sicht vom Zusammenhang zwischen Krankheit, Sünde und Dämonie nicht zum Weltbild einer Zeit gehört, in der man 'es' eben 'noch nicht besser wusste.' Sind solche Aussagen für uns nicht vorbei und überholt?

Wir stehen damit vor einem umfassenden Problem, das weit über die Frage nach der Krankheit hinausgeht und das uns in unserem Umgang mit der Bibel ständig beschäftigen muss. Hat die Bibel ein 'Weltbild', das wir, weil es der Auffassung unserer Zeit nicht mehr entspricht, als vorläufig, zeitbedingt und überholt bezeichnen müssen und damit auf die Seite legen dürfen? [188]

Die Versuche, den Anstoss des 'Weltbildes der Bibel' zu überwinden, sind vielfältig und bereits sehr früh unternommen worden. Das kann und soll hier nicht im einzelnen dargestellt werden. Hinter all diesen Unternehmen steht der Versuch, in der Bibel zwischen einem 'eigentlichen Inhalt', der für uns Christen weiterhin verbindliche Geltung hat, und seiner bloss 'zufälligen, weltbildhaften Einkleidung' zu unterscheiden. Diese 'Einkleidung' könne dann selbstverständlich für uns nicht mehr massgebend sein.

Wir haben zwei Vorgänge zu unterscheiden. Einmal wird der Versuch unternommen, in den biblischen Aussagen einen bestimmten 'Inhalt' gegen seine 'Einkleidung' abzugrenzen. Bereits hier stellt sich die grundsätzliche Frage, ob das möglich ist bzw. woher die Kriterien für solche Scheidung kommen sollen. Neben diesen *Scheidungsvorgang* tritt jedoch noch ein *Wertungsvorgang*. Der sogenannte 'Inhalt' wird als verbindlich bezeichnet, die 'Einkleidung' als unverbindlich und höchstens historisch interessant auf die Seite gelegt.

Dieser doppelte Vorgang der Scheidung und der Wertung hängt eng mit unserer Geistesgeschichte zusammen und durchzieht weite Teile der Theologie. Im Bereich akademischer Theologie wurden diese Fragen im Anschluss an Rudolf Bultmanns Entmythologisierungsprogramm heftig umkämpft und für weite Kreise bekannt. Doch auch dort, wo man versucht, die Bibel im Glauben ernst zu nehmen, trifft man beinahe ständig auf dasselbe Unternehmen. Man sucht in der Bibel nach «Wahrheiten», die «heute für unser Leben gelten.» Wir lösen «Grundlinien» heraus, die «zeitlos gültig» sein sollen, «unabhängig von der jeweils durch die geschichtlichen Bedingungen vorhandenen naturkundlichen und wissenschaftlichen Erkenntnisse über Mensch und Natur.»[189]

Ausserordentlich schwierig und umkämpft werden diese Fragen natürlich dort, wo man bestimmen will, ob eine Aussage der Schrift zum 'Inhalt' oder zur 'Einkleidung' gehört. Sind z.B. die Schöpfungsberichte der Bibel solche 'Einkleidungen' von 'zeitlosen Inhalten'? Dann muss man natürlich diese Inhalte zuerst kunstvoll aus ihren 'weltbildhaften, überholten Gewändern' herausschälen. Oder gehören vielleicht die naturwissenschaftlichen Aussagen selbst zu diesen bleibenden, verpflichtenden Inhalten?

Dieses Beispiel zeigt, dass man für eine solche Scheidung zwischen 'Einkleidung' und 'Inhalt' feste Kriterien benötigt, an die man sich halten kann. Das eigentliche Problem liegt aber gar nicht in der Suche nach solchen geeigneten Kriterien. Es liegt vielmehr darin, dass die Vorstellung solch einer Scheidung überhaupt äusserst problematisch ist. Im dem Moment, da man sie vollziehen will, erweist sie sich als grundsätzlich undurchführbar. «Die Redeweisen der Bibelsprache können nicht als Formel angesehen werden, als auswechselbare Umkleidung eines zeitlos-ewigen Kerygmas. Die Form hängt aufs engste mit dem Inhalt des biblischen Zeugnisses zusammen» (H. Kuitert) [190], darum «kommt auch das Abstreifen des typisch Biblisch-Israelitischen, gerade angesichts der Sprache, dem Verlust des Kerygmas gleich...»

Natürlich scheint hinter den einzelnen Texten der Bibel ein 'Weltbild' hindurch, das tief in die Begriffe, die Gedankenführung und die Themenfüllung der einzelnen biblischen Schriften eingegangen ist. Das soll gar nicht bestritten werden. Die Weltbildhaftigkeit biblischen Redens darf aber nicht als Einkleidung betrachtet werden. Gottes Wort ist so sehr zum Menschenwort geworden, dass uns die weltbildhaften Vorstellungen, wie übrigens auch die biblischen Sprachen mit ihren vielen Eigenheiten, vorgegeben und bleibend aufgegeben sind.

Damit ist die Lösung, die heute fast ausschliesslich angeboten wird, abgewiesen. Eine Scheidung zwischen einem Inhalt und einer äusseren Umhüllung ist den Texten nicht angemessen.[191] Unsere Frage aber bleibt bestehen. Hinter Krankheit sehen wir heute nicht mehr Dämonen, nicht mehr die Herrschaft Satans. In unseren Laboratorien haben wir Bakterien und Viren entdeckt. Unser Weltbild hat sich tatsächlich gewandelt. Wenn jedoch die Aussagen der Bibel ohne ihr Weltbild nicht verständlich sind, was sollen sie dann in der heutigen Zeit? Diese Frage steht nun noch dringlicher vor uns.

Wie gehen wir weiter vor? Zunächst haben wir danach zu fragen, was mit dem Ausdruck 'Weltbild' gemeint ist. Darauf haben wir uns den wesentlichen Unterschied zwischen dem Weltbild der Bibel und unserem modernen Weltbild deutlich zu machen. Erst dann können wir nach dem Verhältnis dieser beiden Weltbilder zueinander weiterfragen.

2. WAS IST DAS, EIN WELTBILD?

Eine hilfreiche Formulierung bezeichnet als Weltbild «die Zusammenfassung aller gegenständlichen Anschauung von der Welt» (H. Gese).[192] Jede Anschauung, die ich mir von der Wirklichkeit mache, hängt aber unlösbar mit den Fragen zusammen, die ich an sie richte. Je nach den Fragen, die wir stellen, bildet sich uns aus den erhaltenen Antworten ein 'Bild'.

Man kann sich das am Umgang mit Menschen deutlich machen. Je nachdem, ob ich mich jemandem als Lehrer, als Mutter, als Polizist oder als Geliebter nähere, wird sich die Frage, wer der Betreffende denn 'wirklich' sei, ändern. Ändern wird sich zwangsläufig auch das Bild, das ich mir von ihm mache. Vorstellbar ist ja, dass sich ihm ein leidenschaftlicher Biologe nähert, der sich für den Aufbau seiner Zellen und die Funktion seines Stoffwechsels interessiert. Auch auf solche Fragen kann man Antworten erhalten und sich daraus ein 'Bild' des Menschen machen. Die Anschauungen, die sich so herausbilden, geben einerseits Auskunft über den Menschen, der in der Mitte des Interesses steht. Andererseits weisen sie aber auch zurück auf die Art der Fragen, mit denen man sich ihm genähert hat.

Die Einsicht, dass alle «Anschauungen von der Welt» (H. Gese) sowohl über die Welt selbst Auskunft geben, als auch zurückweisen auf die Art, wie die Welt befragt wird, müssen wir für unseren Gedankengang durchhalten. So soll uns eine erweiterte Definition von 'Weltbild' leiten. *Ein Weltbild ist die Zusammenfassung aller gegenständlichen Anschauung der Welt, wie sie sich aufgrund ganz bestimmter Fragestellungen und Grundhaltungen ergibt.*

Diese Definition hat einen wesentlichen Vorzug für das Gespräch. Die Auseinandersetzungen z.B. über das biblische Weltbild wird sowohl von seinen Verteidigern wie seinen Kritikern meist so geführt, dass man bloss auf die zur Diskussion stehenden 'Anschauungen' verweist, um so ihre bleibende Geltung bzw. ihre Überholtheit zu erweisen. Sobald man aber einzusehen beginnt, dass die Anschauungen der Bibel damit zusammenhängen, dass sich die biblischen Menschen ihrer Wirklichkeit mit ganz bestimmten *Fragestellungen* genähert haben, ist solches Verweisen auf die Anschauung allein problematisch. Es ist mindestens so verwirrend, wie wenn ein junger Mann von den schönen Augen seiner Freundin spricht, während der Biologe den Aufbau der Zellstruktur derselben Dame referiert und sich am Ende beide in der Diskussion über die so gegensätzlichen 'Anschauungen' erhitzen. Müssen sie nicht zum Schluss kommen, nur einer von beiden könne hier die 'Wahrheit' sagen? Nein, bei beiden muss man zunächst zurückfragen, welche *Grundfragestellungen* denn den geäusserten Anschauungen zugrunde liegen. Bedenkt man die völlig verschiedenen Ausgangsfragen, wird man über die Verschiedenheit der Ergebnisse nicht erstaunt sein. Man wird aber auch nicht mehr auf die Idee kommen, beide würden von zwei verschiedenen Menschen sprechen. Nur in der *Rückfrage auf die Grundfragestellung* kann, sowohl in der Auseinandersetzung um das biblische Weltbild selbst wie in all den Fragen, die mit der Weltbildhaftigkeit der Bibel zusammenhängen, ein Gespräch weiterführend sein.

Damit steht uns der Weg zur weiteren Arbeit offen. Mit welcher Frage haben sich die biblischen Menschen ihrer Welt gegenüber gewusst? Mit welchen Fragen haben sie sich den verschiedenen Erscheinungen genähert, um so zu ihrer «Anschauung von der Welt» zu kommen? Aber andererseits müssen wir auch fragen: Mit welchen Fragen nähern wir uns denn heute unserer Welt? Welche Fragen werden uns hinter dem, was wir für unser modernes Weltbild halten, deutlich?

3. ZUM WELTBILD UNSERER ZEIT

Fragt man nach einem einigermassen einheitlichen Weltbild unserer Zeit, wird man enttäuscht. «Es gab wohl noch nie eine Zeit, in der so wenig Übereinstimmung hinsichtlich eines philosophischen Weltbildes geherrscht hat, wie heute» (H. Gese).[193] Man kann nur mit relativem Recht von einem einheitlichen Weltbild unserer Zeit sprechen. Betrachten wir aber unser Leben in der westlichen Welt, in das wir faktisch eingegliedert sind und an dem wir alle auch geistig teilhaben, so kann man dennoch einige Grundlinien feststellen.

In unserer Zeit beherrschen die sogenannten 'objektiven' Naturwissenschaften – Mathematik, Physik, Biologie usw. – weitgehend unser Leben und unsere Weltdeutung. Dahinter steht, unserem Bewusstsein oft verborgen, die grundlegende Bedeutung, die heute der Wirtschaft in ihrer weltweiten Verflochtenheit zukommt. Sie erwartet von den Wissenschaften eine präzise Erforschung der Wirklichkeit, damit der 'Fortschritt' auch wirtschaftlich möglich bleibt.[194]

Fragt man hinter diese Prozesse zurück, so wird eine einfache Grundfragestellung sichtbar, die die enorme Dynamik der Forschung erst ermöglicht und ständig neu antreibt. Man kann sie folgendermassen umschreiben:

Wie funktionieren die Erscheinungen unserer Welt, damit wir sie erklären, nachmachen und endlich manipulieren können?

So fragt der Chemiker im Labor, so fragt der Physiker in seinen Experimenten, so fragt der Techniker auf dem Prüfstand. Unsere moderne Naturwissenschaft hat ja damit ihren Ausgang genommen, dass man den Gesamtbereich der sichtbaren Schöpfung dieser einen Fragestellung unterworfen hat. Wie funktioniert all das, was wir vor uns haben? Wie funktionieren die einzelnen Abläufe, damit wir sie erklären, nachmachen und endlich auch manipulieren können?

Es muss uns klar sein, wie tief diese Fragestellung bereits jetzt in den Vollzug unseres täglichen Lebens hineinragt. Diese auf die Technik bezogene Frage nach der Funktion einzelner Abläufe war ursprünglich als Methode naturwissenschaftlicher Forschung entwickelt worden. Nun hat sie aber längst auf die Human- und Sozialwissenschaften übergegriffen. Ein Beispiel dafür sei erwähnt. In der Werbepsychologie hat man sich dieser naturwissenschaftlichen Methodik mit bedeutendem 'Erfolg' bedient um herauszufinden, wie bei uns Menschen der Griff zum Portemonnaie 'funktioniert'. Welche Faktoren spielen dabei mit, dass wir uns beim Geldausgeben manchmal gut in Kontrolle haben, manchmal aber leichtfertig Einkäufe tätigen? Wie funktioniert das, damit man es für die Wirtschaft ausnützen, steuern und so die Kauflust der Menschen manipulieren kann? Die Ergebnisse dieser mit wissenschaftlicher Genauigkeit durchgeführten Untersuchungen haben wir täglich vor Augen. Die Warenhäuser haben weit ausladende 'Öffnungen' – Türen kann man sie ja nicht mehr nennen – , die den Menschen in die Fülle des Angebotenen förmlich hineinsaugen und so gestaltet sind, dass man nie bewusst eine Schwelle zu überschreiten hat. Jede Schwelle würde das Bewusstsein in Tätigkeit versetzen und die Manipulation erschweren. Darum wird das Tageslicht strikt vermieden, um in einer künstlichen Welt von Licht, Farben, Musik und seiner enormen, überquellenden Fülle des Angebotes die Einkaufslust anzuregen. Die ständig spielende Musik wird so leise geschaltet, dass man sie kaum einmal bewusst bemerkt; sie ist so beschwingt, dass sie den Menschen innerlich erheitern und in gelöste Stimmung versetzen kann. Und all das geschieht nur darum, den Griff ins Portemonnaie dem bewussten Entschluss der Menschen immer stärker zu entziehen. Die psychische Manipulation greift aufgrund subtiler wissenschaftlicher Forschung tief in unser Alltagsleben, in unsere Lebensgestaltung ein.

Auch die Ausbildung der inneren Massstäbe, der moralischen Werte, nach denen unser Leben gestaltet wird, ist dieser Manipulation nicht entzogen. *Wie funktionieren die Erscheinungen unserer Welt, damit wir sie erklären, nachmachen und manipulieren können?*

4. ZUM 'WELTBILD' DER BIBEL

Auch die Bibel vermittelt uns ein Bild der Welt. Man zögert jedoch, den so belasteten Ausdruck 'Weltbild' dafür zu verwenden. Es ist ein Bild, das ausserordentlich fein differenziert. Der Unterschied zu unserem Weltbild liegt darin, dass es aufgrund einer ganz anderen Grundhaltung und völlig anderer Fragestellungen ausgebildet worden ist.

Der biblische, wie überhaupt der antike Mensch näherte sich der Welt nicht zugreifend und an sich reissend. Zunächst kam man von der Einsicht her, dass die Welt der grössere und auch uns umgreifende Zusammenhang ist. Es liegt am Menschen, sich in diese Ordnung einzufügen, um so in der Welt zuhause zu sein. Dahinter steht die Überzeugung, dass die Welt als ganze eine von Gott geschenkte, von Gott gestaltete und geordnete und bleibend auch von Gott umgriffene Welt ist. Von dieser hier nur knapp skizzierten Grundhaltung aus nähert man sich der Welt durchaus auch fragend. Aber es ist eine ganz andere Grundfragestellung, die uns deutlich wird.

> *Wie ist die Welt geordnet, damit sich der Mensch in sie recht einordnen kann?*

Alle Erscheinungen und Lebensvorgänge, ja auch die Ereignisse der Geschichte (!) wurden in der Überzeugung befragt, dass sich eine Einsicht in die von Gott gegebene Ordnung entdecken lässt, die dem Menschen zur Gestaltung seines Lebens notwendig und auch echt hilfreich ist. Man hatte nur bereit zu sein, *genau hinzusehen.*

Diese Grundhaltung, die hinter den biblischen Berichten und Anschauungen steht, führt dazu, dass die Bibel uns bestimmte Dinge, die uns vielleicht brennend interessieren, nicht erzählt. Sie wehrt sich gegen Fragestellungen, die ihr nicht angemessen sind. Dafür will die Bibel uns zu neuen, ihr und letztlich auch uns Menschen angemessenen Fragestellungen erziehen und zu Einsichten in andere, bisher vielleicht noch nicht erahnte Zusammenhänge führen. Wie oft wehrt sich nicht der Mensch gegen diesen Weg? Wir wollen unser vermeintliches Recht, im Gespräch mit der Bibel die Fragestellung diktieren zu können, nicht

130

preisgeben. So nimmt der Umgang mit der Bibel oftmals den Charakter eines Kampfes an. Die Bibel selbst kann sich dabei schlecht zur Wehr setzen. Jeder wird aber die Erfahrung machen, dass sie bei unangemessenen Fragestellungen hartnäckig zu schweigen beginnt. Es gehört zu den Grunderfordernissen im Umgang mit der Bibel, dass wir ihr nicht unsere Fragestellungen aufzwingen, sondern uns in Demut auf den Weg ihres Fragens und Antwortens mitnehmen lassen. So wird sich herausstellen, dass nicht nur die Antworten, sondern bereits die Fragen der Bibel aktueller und tiefgreifender sind als unsere manchmal oberflächlichen Anliegen.

Bevor wir die tiefgreifende Differenz zwischen biblischem und modernem Weltbild bedenken, muss uns klar sein: *Hier geht es vor allem um die Differenz zweier verschiedener Grundhaltungen und der sich daraus ergebenden Fragestellungen, mit denen wir uns der Welt in ihren vielfältigen Erscheinungen nähern.*

5. ZUM VERHÄLTNIS ZWISCHEN BIBLISCHEM UND MODERNEM WELTBILD

Gerne fragt man heute danach, welches Weltbild denn nun *richtig* sei. Dem Problem, das sich mit der Gegenüberstellung zwischen modernem und biblischem Weltbild stellt, wird man aber nicht gerecht, solange man nach dem richtigen und dann eben nach dem anderen, dem falschen Weltbild fragt.

Man tritt einer Lösung erst dann näher, wenn man sich überlegt, worauf die Grundfragestellungen, aus denen sich die Weltbilder ergeben, hinzielen. *Wem sind die Grundfragestellungen, von denen wir ausgehen, angemessen?* Unser 'modernes' Weltbild, das die Frage nach dem Funktionieren der verschiedenen Vorgänge unserer Welt zur Grundlage hat, ist auf die moderne Wirtschaft und ihre Interessen, von denen unsere Welt in ungeahntem Mass beherrscht wird, zugeschnitten. Diese Frage nach dem Funktionieren hat das Wissen der Menschheit in ungeheurer und heute schon lange unüberschaubarer Weise bereichert. Ist es aber ein Geheimnis, dass dasselbe Wissen den einzelnen Menschen in dieser Fülle seines Wissens orientierungslos zurücklässt? Gerade der Aufschwung des Wissens führte dazu, dass sowohl die Wirtschaft in ihrer Eigendynamik und ihrem scheinbaren Zwang zur Expansion wie auch die hinter ihr stehende Forschung Probleme sozialer, wirtschaftlicher, ökologischer und politischer Natur aus sich herausgesetzt haben, die unser Leben und unsere Welt eminent gefährden:

Arbeitsschemata und Leistungszwänge werden uns aufgebürdet, unter denen die Menschen zusammenbrechen; alte Familienstrukturen und Arbeitstrukturen werden aufgelöst und führen in Vermassung und soziale Verelendung; der Raubbau von Energie und Rohstoffen führt uns bis an den Rand der Vernichtung unserer Umwelt. Und für all diese Probleme ist im Grund keine Lösung in Sicht. Darf es uns wundern? Kaum, denn die Frage nach dem Funktionieren ist in dieser heute alles durchdringenden Dominanz wohl der modernen Wirtschaft, nicht aber uns Menschen und unserem menschlichen Zusammenleben angemessen. Das Wissen, das wir aufgrund der Frage nach dem Funktionieren unserer Welt erworben haben, ist keineswegs falsch. Nein, es hilft uns in unserer Haltung, in der wir uns der Welt bedienen, ihrer habhaft werden wollen. Aber in dieser Welt sind wir nur noch schlecht zuhause.

Diese beiden Weltbilder stehen einander keineswegs ausschliesslich gegenüber. *Beide decken, von verschiedenen Fragestellungen herkommend, verschiedene Ebenen der Wirklichkeit auf.* Entweder ist es der Bereich blossen 'Funktionierens', den es ja zweifellos gibt. Oder es ist der Zugang zur Welt als 'Ordnung', in der ich stehe und mich zurechtfinden muss. Mit der Frage nach einem *richtigen* Weltbild werden wir an die anstehenden Probleme nicht herankommen. Die Frage muss lauten, welches Weltbild, welche Fragestellung uns Menschen *angemessen* ist. Die Antwort darauf kann dann kaum zweifelhaft sein. Man muss über die Differenz der beiden Fragestellungen und ihre Bedeutung für unser Menschsein nur ein wenig nachdenken, damit einem jeder Hochmut vergeht. *Die Bibel ist – GERADE UM IHRES WELTBILDES WILLEN – hochmodern und unüberholbar.*

6. WELTBILD UND KRANKHEITSBILD

Wenden wir uns wieder dem Fragenkomplex um Krankheit und Heilung zu. Nun ist leicht einsehbar, dass man sich auch ihm unter beiden Fragestellungen nähern kann. Man kann die Krankheit unter der Frage des blossen Funktionierens untersuchen, wie man es in der medizinischen Forschung weitgehend tut. So erfährt man den Namen der Krankheit, ihre Erreger, den voraussichtlichen Krankheitsverlauf, die Therapiemöglichkeiten und die Heilungsaussichten. Solange man so fragt, und das gehört zu den Kennzeichen dieser Fragestellung, wird man immer die 'Funktion' – die Krankheit unter dem Aspekt ihres Funktionierens – ins Zentrum des Interesses rücken, während einem der *Mensch*, der diese Krankheit hat, merkwürdig ungreifbar wird. Bis in den Krankenhausjargon hinein offenbart sich diese Unangemessenheit. Da liegt auf Zimmer 124 'der Blinddarm' und auf Zimmer 344 'die Schilddrüse'. Wir haben gelernt, die Krankheiten als Funktionsabläufe zu begreifen, nicht aber nach der grösseren Ordnung zu fragen, in der sie stehen. Damit kommen menschliche Probleme, die mit jeder Krankheit verbunden sind, nur schwer in den Blick. Bestimmte, vom Patienten und seiner Familie bedrängend erfahrene Fragen werden von der 'Wissenschaft' nicht einkalkuliert, ja können es auch so nicht mehr werden. Sie gehören eben nicht in den Bereich des erforschten Funktionsablaufes: *Warum* werde ich denn krank? Warum gerade *ich*? Warum gerade *jetzt*? *Welche Macht* steckt denn dahinter und kommt in dieser Krankheit über mich?

Wir wissen heute um diese Probleme. In der Ausbildung werden solche Fragen vermehrt berücksichtigt. Aber das ändert nichts daran, dass diese 'Ordnungsprobleme', die sich in den menschlichen Problemen äussern, innerhalb der Medizin als Wissenschaft, die nur nach dem Funktionieren fragt, als reine Naturwissenschaft scheinbar so fragen muss, gar nicht in den Blick kommen können. Gerade darin liegt wohl der entscheidende Ansatzpunkt. Man bleibt auf der Ebene des Funktionierens. So aber kann man auf die Probleme, die auf einer ganz anderen Ebene liegen, nicht mehr eingehen.[194]

Doch wenden wir uns nun der anderen Fragestellung zu. Sofort erkennen wir eines: Wenn wir nach der Ordnung, in die der Mensch eingegliedert ist, Ausschau halten, zeigen sich uns ganz andere Zusammenhänge, die uns bei der begrenzten Frage nach den Funktionsabläufen überhaupt nicht ansichtig werden. Hier wird auch in erster Linie gar nicht nach einer Krankheit gefragt, sondern *nach dem Menschen in seiner Krankheit*. Eine viel tiefere Schicht unseres Menschseins wird mit dieser Fragestellung aufgedeckt.

Die Heilungen, die uns das Neue Testament von Jesus berichtet, zeigen, dass er auf dieser tieferen Ebene den Menschen betrachtet, ihn in seiner Krankheit erkannt und dann auch auf dieser Ebene geheilt hat.

Als Beispiel mag ein Bericht des Lukasevangeliums dienen (13,10ff). Seit achtzehn Jahren war diese Frau krumm und konnte sich nicht aufrichten. Das Krankenbild, betrachtet auf der Ebene des Funktionierens, ist uns einigermassen klar: Eine schwere Deformation der Wirbelsäule. Jesu Antwort wird aber für eine tiefere Schicht der Wirklichkeit gegeben. Sie hat einen «Geist der Krankheit», ja «Satan hat sie gebunden». Wie ist es nun? Man möchte gerne danach fragen, wessen

Auskunft denn nun *richtig* sei: die Jesu oder die der modernen Medizin?

Die Antwort muss für beide Ebenen getrennt gegeben werden. Die Frau hatte – auf der Ebene des Funktionierens beurteilt – sicher eine schwere Wirbelsäulen-Deformation. Aber 'hinter' dieser Ebene steht der, der in dieser Welt Unordnung schafft und diesen Menschen in dieser besonderen Form gebunden hält. Die eine Antwort hebt die andere nicht auf. *Die Sicht Jesu und der Bibel bleibt auf der Ebene des blossen Funktionierens nicht stehen, sondern geht in die Tiefe und deckt die Tiefe auf.* Und so heilt Jesus: *Er heilt nicht KRANKHEITEN, er heilt DEN MENSCHEN.*[195]

Es wird für die Gemeinde Jesu entscheidend darauf ankommen, dass sie für ihren Umgang mit der Schöpfung die Einsicht in die Wirklichkeit lernt, die Jesus gehabt hat. Solange wir als Christen unser modernes Weltbild kritiklos übernehmen und von ihm aus, sei es auch ganz arglos, das Weltbild der Bibel ad acta legen, bleiben wir sowohl im Umgang mit der Bibel als auch im Umgang mit unserer Wirklichkeit gelähmt. Wir müssen von Jesus lernen, unsere Wirklichkeit in ihrer Tiefenschicht zu betrachten, damit wir den uns gegebenen Auftrag an unserer Welt unter Gottes Verheissung erfüllen können.[196]

ANMERKUNGEN

1 vgl. J. Hempel, Art. «Heilen 1.», BHHW II, Sp. 678f
2 vgl. Psalm 32,1ff; 38,1ff; 39,9.12; 41,5; 103,3; 107,17f usw. Dazu K. Karner, Art. «Krankheit», BHHW II, Sp. 997-999; H.J. Kraus, Theologie der Psalmen, Seite 165 u.a.; G. von Rad, ThAT I, Seite 287f
3 G. von Rad, a.a.O. Seite, 288
4 H. J. Kraus, Theologie der Psalmen, 208; vgl. Ps 22,2 u.a.
5 Cl. Westermann, Gesundheit, Leben und Tod...Seite 155
6 z.B. das Buch Hiob in seiner uns vorliegenden Endgestalt, die Psalmen vom leidenden Gerechten [22; 27; 31; 38; 41; 42; 69; 80; 88; 118; vgl. 34,20], die Klagen des Propheten Jeremia [vgl. Jeremia 11,18-12,6; 15,10-20[21]; 17,14-18; 18,18-23; 20,7-18], Hiob 3; Psalm 73 u.a.
7 vgl. Kapitel 7.7. Der Einzelne und das Reich Gottes; G. Sauter, Die Theologie des Reiches Gottes..Seite 45f. In diesem Zusammenhang müsste auch die biblische Aussage, dass Gott die Schuld der Väter über Generationen heimsucht, aber auch mit seinem Segen weit über den Menschen als Einzelnen hinausgreift, beachtet werden (Exodus 20,5f; 34,6f). Wir Menschen stehen vor Gott im Zusammenhang unserer Geschichte und tragen an dieser Geschichte mit.
8 Zum biblischen Zusammenhang vgl. neben Psalm 103,3 noch Jesaja 53,4.5. und 33,24 «Kein Einwohner wird sagen: Ich bin krank. Dem Volk, das darin wohnt, ist die Schuld vergeben.» Vgl. auch Markus 2,1-12 par.
9 vgl. Kapitel 7.9. Das erste Gebot und unsere Wirklichkeit.
10 vgl. Kapitel 3.2. Sehen und Hören.
11 vgl. Jesaja 61,1ff; die 'Fesseln' sind für das Neue Testament einerseits die Fesseln, mit denen Satan einen Menschen bindet, also ein Hinweis auf die Besessenheit, andererseits auch die 'Fesseln des Todes', also Tod und Krankheiten, die zu solchem Tod hinführen. Vgl. zum ganzen Abschnitt R. und M. Hengel, Die Heilungen Jesu...Seite 365: «Nach alttestamentlicher Anschauung konnte man sich das messianische Heil nur bei körperlich 'Heilen' vorstellen.» Vgl. dazu TgIs 53,8; äth Henoch 5,8f; 25,5-7; 96,3; Jubiläen 23,26-30; Orac.Sib. 3,367ff; SyrBar 29,6f; 73,1f; IV Esra 7,28; 7,121; 8,52ff; slaw Hen 65,9; GenR 20,5; bChag 12b u.a.; vgl. Bill I Seite 593-596
12 vgl. G. Friedrich im Artikel 'euaggelizesthai', ThWNT II, Seite 717: «'euaggelizesthai' ist nicht nur Reden und Predigen, sondern ein Verkündigen in Vollmacht und Kraft. Zeichen und Wunder begleiten die Evangeliumsbotschaft, sie gehören zusammen; denn das Wort ist wirkungskräftig. Die Verkündigung der Gnadenzeit, der Gottesherrschaft, schafft einen in jeder Hinsicht gesunden Zustand. Darum werden körperliche Gebrechen geheilt, wie das Verhältnis des Menschen geordnet wird...Freude herrscht da, wo dieses Wort verkündigt wird (Apg 8,8).» vgl. auch Kapitel 7.2. Gottes Herrschaft ist nahe; 7.3. Verkündigung und Bezeugung und 3.11. Heilung von Krankheit und Heil Gottes
13 vgl. Matthäus 3,7-12; Lukas 3,7-9.15-18; dahinter stehen u.a. Maleachi 3,1-5; 4,5 = 3,23
14 Lukas 7,18-23, Parallele in Matthäus 11,1-6. Dahinter steht Jesaja 35,5f, kombiniert mit 61,1f. Auch 26,19; 29,18; 32,2f und 42,7.18 klingen an.
15 A. Schlatter, Kommentar zu Matthäus 11,4, Seite 360
16 Das Problem wird erörtert und geistesgeschichtliche eingeordnet von Karl-Heinz Michel, Sehen und glauben. Auf dieses Buch sei ausdrücklich hingewiesen.
17 vgl. Otto Betz, Wie verstehen wir...Seite 18ff
18 vgl. Lukas 24,25-27.44-47; Johannes 5,39.46 u.a.
19 vgl. Johannes 5,14; 9,2f; H. Dietzfelbinger, Art: «Heilen, Heilung» in: BBW, Seite 177

135

20 Diese Werke sind eben nicht nur die 'inneren', individuellen Mächte, meine Sünde, meine Gier, mein Hass usw., also das, was IN MIR, gewissermassen AKTIV da ist. Es ist auch das, was von AUSSEN auf mich zu und in mich hineinkommt, ja es sind auch die Mächte, die weit über uns Menschen als Individuen hinausgehen. Diese 'Mächte' lassen sich weder psychologisch noch soziologisch reduzieren!

21 vgl. Kapitel 7.4. Heilungen und Eschatologie und 9.4. Rückgewinnung der Sicht für unsere Kampfsituation

22 vgl. H. Giesen, Art.: 'epitimao' in EWNT II, 106-108; W. Grimm, Weil ich dich liebe...Seite 110f

23 vgl. G. Bennett, Jesus befreit und heilt, Seite 38f

24 O. Michel, Artikel «Heilen 2«, BHHW II, Spalte 679

25 vgl. auch Lukas 11,20-22

26 vgl. Otto Betz, Jesu Heiliger Krieg...Seite 129; R. und M. Hengel, Die Heilungen Jesu...S. 363; Kapitel 3.6. Sieg, Kampf und Transzendenz; 9.2. Zur Rückgewinnung biblischer 'Transzendenz'. Wichtig sind die Erfahrungen Johann Christoph Blumhardts in seinem 'Kampf' um die Befreiung und Heilung der Gottliebin Dittus. Vgl. dazu Kapitel 5.7. Die beiden Blumhardt

27 Markus 3,14f; 6,7; Matthäus 10,8; Lukas 10,19f; vgl. Markus 6,13 par; Lukas 10,17; vgl. Kapitel 4.1. Heilen als Auftrag an die Jünger

28 J. Jeremias, Theologie...Seite 98

29 ebda.; vgl. neben Offenbarung 12,7ff noch Johannes 12,31; 16,11

30 Epheser 6,12. Zur biblischen Transzendenz vgl. z.B. Hebräer 11 und 12 und Kapitel 9.2. Rückgewinnung biblischer 'Transzendenz'

31 2. Korinther 4,4; vgl. Offenbarung 12,12ff; 13,1ff usw.

32 Offenbarung 9,2. Man beachte dabei: Die Engel, die diese Ereignisse in Gang setzten, sind Engel GOTTES. Sie empfangen ihre Posaunen aus der HAND GOTTES und stehen selbst im Zentrum des himmlischen Heiligtums unmittelbar vor dem Thron Gottes: Offenbarung 8,2-6.

33 O. Michel, Gestaltwandel...Seite 90 und 22

34 vgl. Kapitel 4.2.2. Der Missionsbefehl nach Markus

35 vgl. O. Michel, Gestaltwandel...Seite 15, Anmerkung 13 und 14; auf die Kirche bezogen ebda. Seite 67. Vgl. auch die Kapitel 9.2.; 9.3. und 9.4.

36 vgl. Kapitel 3.5. Der Sieg über den 'Starken'

37 z.B. Stummheit in Matthäus 9,32f; 12,22; Lukas 11,14; Blindheit in Matthäus 12,22; Krämpfe in Matthäus 17,14ff; Markus 1,25f; 9,17ff; Lukas 4,35; 9,39.42 usw.

38 vgl. H. Stadelmann, Das Okkulte, Seite 28

39 vgl. Jesaja 42,7 «...die Gebundenen werden herausgeführt»

40 vgl. Lukas 13,16, wo aber die Grenze zwischen Krankheit und satanischer Gebundenheit nicht zu bestimmen ist. Vgl. auch Markus 7,35, die «Bande der Zunge»

41 zum Sabbatjahr vgl. Leviticus 25; Exodus 21,2ff; 23,10ff; Deuteronomium 15,2ff; zum Jubel- oder Erlassjahr (Luther: Halljahr) vgl. Leviticus 25,8ff; Jesaja 37,30; 61,1

42 vgl. Hebräer 3,7 – 4,11

43 vgl. D. Hoch, Heil + Heilung..Seite 21f; W. Grimm, Weil ich dich liebe

44 z.B. beim Aussätzigen Lukas 5,13

45 Matthäus 9,27-31

46 Markus 7,32-37

47 z.B. Markus 3,10; 5,25-34; 6,56; Lukas 6,17-19

48 Lukas 17,11-19

49 Markus 6,13

50 vgl. Kapitel 8.2. Keine Technik – sondern ER

50a Es ist dem Missverständnis zu wehren, als ob Jesus ausnahmslos ALLE Menschen seiner Zeit geheilt habe, ohne dabei nach der Bereitschaft der Menschen, sein Handeln zu empfangen, zu fragen. Die neutestamentlichen Berichte bringen ständig Jesu heilendes Handeln mit dem Glauben der Menschen in Zusammenhang. Dabei kann es sich um den Glauben des Kranken, aber auch um den Glauben eines Menschen handeln, der für diesen Kranken stellvertretend, bittend, den Kranken zu ihm bringend eintritt. «Im Vertrauen des Menschen liegt eine Möglichkeit, die Gott den Weg bereitet, dass er sein Werk tun kann.» (O. Michel, Art. Glaube, in: ThBLNT I, 569) Dieses Verhältnis spiegelt sich in seiner negativen Kehrseite im Bericht von Jesu Wirksamkeit in Nazareth wider, wo Markus berichtet: «Und er konnte dort keine Machttat vollbringen, ausser dass er wenigen Kranken die Hände auflegte und sie heilte; und er verwunderte sich wegen ihres Unglaubens.» (6,5f) Der Sinn des Textes liegt wohl darin, dass Jesus sich der Verweigerung des Glaubens auf seiten der Menschen abwehrend entgegenstellt. Nicht dass Jesus nicht heilen «kann», soll hier betont werden, sondern dass der Widerstand der Menschen bereits eine Tiefe erreicht hat, der gegenüber sich Jesus nur noch entziehend und schweigend widersetzt. Der Text warnt vor einer Verhärtung im Unglauben, die die Verweigerung des helfenden Handelns Gottes und die Preisgabe in die eigenen Vorstellungen zur Folge haben kann (man vgl. zu diesem Vorgang noch Römer 1,28 im Zusammenhang von Römer 1,18-32).

51 vgl. Kapitel 3.11. Heilung von Krankheit und das Heil Gottes und 7.6. Heilung und Heil

52 siehe Kapitel 11. Seelsorgerliche Einzelfragen

53 vgl. Kapitel 7.6. Heilung und Heil

54 B. Häring, Heilender Dienst, Seite 51

54a vgl. dazu weiter 5.4. Die geänderte Auffassung, wo auf die Wurzeln dieser Entwicklung näher hingewiesen wird.

55 vgl. K.H. Michel, Artikel «Leib/Körper» in BBW, Seite 235ff

56 Man vergleiche dazu den ähnlichen Argumentationsgang bei Doebert, Das Charisma der Krankenheilung

57 Zum Markustext muss angemerkt werden: Die alten Bibelhandschriften zeigen, dass unser Abschnitt, genauer die Verse 9 bis 20, nicht zum urpsrünglichen Bestand des Markusevangeliums gehören. Sie wurden, aus bisher noch immer nicht geklärten Gründen, dem Evangelium später angefügt und so Bestandteil der biblischen Überlieferung. Es gibt auch Handschriften ohne diese Verse. Manche haben nach Vers 8 nur einen kleinen Schlussabschnitt, der aber ebenfalls aus späterer Zeit stammt. Auf die Fragen, die sich damit für die Auslegung dieser Texte stellen, soll hier nicht eingegangen werden. Für unseren Zusammenhang kann jedoch eine Beobachtung wichtig sein. Die Tatsache, dass dieser Text erst spät, etwa um 100 n. Chr., hinzugekommen ist, macht darauf aufmerksam, dass auch um diese Zeit Gottes bestätigendes Wirken in seinen Zeichen erfahren worden ist. Der Text blickt darauf als auf eine eigene Erfahrung zurück: Markus 16,20!

58 vgl. Kapitel 3.2. Sehen und Hören

59 Apostelgeschichte 3,1ff zusammen mit Johannes; 5,15.16; 9,32ff; eine Totenerwekkung in 9,36ff

60 Apostelgeschichte 14,3; 14,8ff; 16,16ff; 19,11ff; eine Totenerwekkung in 20,7ff; 28,8ff

61 Apostelgeschichte 14,3

62 Zur historischen Glaubwürdigkeit des Lukas und der Apostelgeschichte vgl. M. Hengel, Zur urchristlichen Geschichtsschreibung

63 vgl. W. Lohrmann, Frucht und Gaben des Heiligen Geistes. Zur Problematik vgl. Kapitel 6.4. Ein Neuanfang durch die charismatische Bewegung? und 8.3. Charisma oder Auftrag?, 8.4. Auftrag, Begabung und Verheissung

64 A. Schlatter, Kommentar zur Stelle, Seite 280

65 vgl. zum Ausdruck 'Werke' bei Johannes 5,17-20; 9,1-4; daneben auch 7,3.21; 10,25.31-39

66 O. Michel, Kommentar zur Stelle, Seite 130

67 vgl. zu dieser Meinung Hermann Cremer, Weissagung und Wunder... Mit Cremers Meinung, die beispielhaft für eine weit verbreitete theologische Haltung ist, müsste eine intensive Auseinandersetzung, die das gesamte von ihm angesprochene Problemfeld einbezieht, geführt werden.

68 M. T. Kelsey, Christianity and Healing, Seite 137

69 vgl. Oratia catechetica magna XI; vgl. XXXIV; de opificio hominis XXV,6ff. Dazu Kelsey a.a.O. 174f

70 vgl. Kelsey a.a.O. Seite 184ff

71 cap. 25nn, 46.47

72 Civ.D. XXII,8

73 I.13.7; vgl. auch I.14.15

74 Diese Hinweise auf die frühe Zeit werden durch den Blick auf die Bedeutung des Sakramentes der Krankensalbung sinnvoll ergänzt. Im Verlauf des 6. Jahrhunderts wurde im Pontifikale die Grundidee der Ölung ZUR HEILUNG ausgedrückt. Dieses Verständnis herrschte bis etwa ins 11. Jahrhundert vor. Ja, im Raum der orthodoxen Kirche wurde dieses Verständnis bis heute bruchlos durchgehalten. Das Sakrament, das später bis zum II. Vaticanum 'Letzte Ölung' genannt wurde und als Sterbesakrament galt, als letzte 'Wegzehrung' angesichts des sicheren Todes, war ursprünglich ausdrücklich als HEILUNGSSAKRAMENT verstanden worden. Erst mit der Wende vom 8. zum 9. Jahrhundert wird die Salbung mit Busse und Eucharistie zur Einheit der drei Krankensakramente verbunden. Von da aus konnte sich späterhin das Verständnis der Salbung als Sterbesakrament entwickeln. Etwa um das 12. Jahrhundert scheint diese Entwicklung abgeschlossen zu sein. Vgl. dazu Kapitel 6.6. Die Situation in der katholischen und der orthodoxen Kirche, sowie die Literaturhinweise in Anmerkung 119

75 vgl. Kelsey a.a.O. Seite 231-234

76 vgl. K. H. Michel, Art.: «Leib/Körper» in BBW, Spalte 235ff

77 Interessant ist in diesem Zusammenhang ein Blick auf meditative und mystische Texte des Mittelalters, die von einer radikalen Abwertung des Leibes kaum etwas wissen. Als Beispiel sei das anonyme Werk 'Die Wolke des Nichtswissens' genannt, das aus dem Ende des 14. Jahrhunderts stammt. Man wird ebenso berücksichtigen müssen, dass auch diejenigen christlichen Theologen, die stark in platonischer und neuplatonischer Denktradition stehen, z.B. Augustin und Anselm, gegen eine Abwertung des Leibes von der Christologie her ausdrücklich Widerspruch anmelden. Hat Christus in der Inkarnation einen menschlichen Leib angenommen, dann kann menschliche Leiblichkeit nicht mehr negiert werden. Vgl. z.B. Anselm von Canterbury, Cur Deus Homo II,3 (Schmitt Seite 92)

78 Zu denken ist vor allem an die Entwicklung der säkularen Medizin in der Renaissance; vgl. dazu Schipperges, Lebendige Heilkunde, Seite 192ff; Zsindely, a.a.O. Seite 93f

79 vgl. dazu wenige aber wichtige Hinweise bei Doebert, Seite 90f; vgl. auch Zsindely, Seite 94 über John Wesley

80 vgl. Kapitel 5.6. Die Sicht des älteren Pietismus

81 WA Briefwechsel, Band 11, Nr. 4120, Seite 111f. Die Übersetzung ist entnommen aus H. Doebert, a.a.O. Seite 88f. Ebda. Seite 127f, Anm. 65 findet sich auch ein Abdruck des lateinischen Textes.

82 H. Doebert, Das Charisma...Seite 89

83 Endre Zsindely, Krankheit und Heilung imn älteren Pietismus. Zürich 1962

84 ebda., Seite 17f

85 ebda., Seite, 61

86 ebda., Seite 62
87 ebda., Seite 66ff
88 ebda., Seite 68
89 ebda., Seite 69f; vgl. Kapitel 8.1. Krankheit und Leiden
90 Zsindely, a.a.O. Kapitel III, Seite 72ff
91 ebda., Seite 84-93
92 vgl. ebda., Seite 89
93 ebda., Seite 93
94 ebda., Seite 95
95 ebda., Seite 95
96 ebda., Seite 95ff
97 ebda., Seite 98ff
98 ebda., Seite 101
99 ebda., Seite 101ff
100 ebda., Seite 105ff
101 ebda., Seite 108
102 vgl. dazu den Literaturbericht im ersten Teil des Literaturverzeichnisses. Hinweise finden sich auch bei Zsindely, a.a.O. Seite 109; vgl. ebda. Seite 94 und bei Kelsey a.a.O. Seite 235
103 Entnommen aus Sigrist, Niklaus Wolf von Rippertschwand, Seite 121 und 127 [Hervorhebungen von mir, W.B.]. Vgl. ebda. Seite 127 die Fortsetzung des zitierten Ausschnittes: «Man entgegnete mir oft und sprach: 'ja, wenn ich würdig wäre, aber ich bin nicht würdig.' Da antwortete ich: Was willst du damit sagen, ich bin unwürdig? Willst du etwa damit deine Demut zur Schau tragen? Wer ist würdig? Kein Mensch, ich und du nicht und ein anderer nicht. Aber Jesus Christus ist es würdig, dass Gott uns seinetwegen gnädig ist.»
104 vgl. dazu und zum ganzen Kapitel die Abschnitte 3.5. Der Sieg über den «Starken», 3.6. Sieg, Kampf und Transzendenz sowie 9.4. Rückgewinnung der Sicht für unsere Kampfsituation
105 In einer Predigt vom 11. Oktober 1914
106 Man vergleiche dazu die Literatur im Literaturverzeichnis unter Johann Christoph und Christoph Blumhardt. Wichtig sind vor allem J. Chr. Blumhardt, Der Kampf in Möttlingen. Dazu ist die Sicht des Sohnes aus späterer Zeit zu vergleichen, wie sie uns in seiner Schrift Gedanken aus dem Reiche Gottes vorliegt. Zu Blumhardt vgl. im Literaturverzeichnis unter Fr. Zündel, G. Sauter und E. Jäckh, auch R. Bohren.
107 vgl. Heinrich Petri, Henriette Freiin v. Seckendorff.
108 vgl. dazu Nägeli in: Dellsperger – Nägeli – Ramser, Auf dein Wort..., Seite 301-307
109 vgl. die Ausgabe der Werke von Dorothea Trudel und die Biographie von Zeller
110 vgl. dazu die beiden Bände von Otto Witt, Krankenheilung im Lichte der Bibel. Witt hat viel Material vor allem aus dem neueren Abschnitt gesammelt, das sonst kaum mehr zu finden ist. Seine Bewertungen sind zum Teil sehr eigenartig. In Band II geht er vorwiegend auf die Heilungsevangelisten Branham, Tommy Hicks und Hermann Zaiss ein, berichtet aber auch von anderen, z.B. von Osborn und seinen Anfängen. Hier tauchen aber schwere Fragen auf. Kann man z.B. die Anfänge von Branham und Osborn derart positiv werten, wie Witt das getan hat?
111 Bernard Martin, Die Heilung der Kranken als Dienst der Kirche, 1954
112 Dorothee Hoch, Heil + Heilung, 1954 [zweite erweiterte Auflage 1955]
113 Heinz Doebert, Das Charisma der Krankenheilung, 1960
114 Zu erwähnen ist noch der international arbeitende St. Lukasorden. Er wird für den deutschsprachigen Raum von Dr. med. Dr. phil. Klaus Thomas in Berlin geleitet.

115 vgl. Kapitel 4.2.5. Heilungen in den paulinischen Gemeinden, 8.3. Charisma oder Auftrag? und 8.4. Auftrag, Begabung und Verheissung. Hingewiesen sei auf zwei Bücher, die sich aus der Sicht der charismatischen Bewegung speziell mit dem Heilungsdienst beschäftigen: Francis MacNutt, Die Kraft zu heilen und Ders., Beauftragt zu heilen. MacNutt, ein katholischer Theologe aus den Vereinigten Staaten, beschreibt darin seinen eigenen Weg zum Heilungsdienst. Er versucht, biblische Grundzüge aufzudecken und sie mit seiner reichen Praxis zu verbinden. Seine Beiträge sind im theologischen Teil manchmal etwas einseitig und unzureichend, manchmal auch vereinfachend. Sie bleiben dennoch bemerkenswert und machen durch eine gut dargestellte, reiche und differenziert bedachte Praxis Mut zum eigenen Dienst.

Weitere Beiträge zur Krankenheilung aus dem Bereich der charismatischen Bewegung finden sich im Literaturverzeichnis unter den Namen R. Brown, B. Tapscott, Böhringer, Ecker und von Gagern.

Im Umkreis charismatischer Heilungserfahrungen tauchen immer wieder zwei Namen als Vorbilder auf: Agnes Sanford und Kathryn Kuhlman. Eine grundsätzliche Stellungnahme wird hier nicht versucht. Sie müsste umfassend sein. Die Bedenken, die gegenüber beiden auftauchen, sind in Kapitel 9.6. Zwei notwendige Unterscheidungen in allgemeiner Form skizziert.

116 vgl. im Literaturverzeichnis unter G. Bennett und R. Lawrence

117 Wie sich das für das konkrete Gemeindeleben auswirken und der Heilungsauftrag Bestandteil des gottesdienstlichen Lebens werden kann, zeigt sehr schön der Erfahrungsbericht, den wir von Karl Ecker haben.

118 Liturgie-Konstitution von 1963

119 Der grosse Sonntags-Schott...Seiten 1592, 1596 und 1597; vgl. dazu Balthasar Fischer, Zur Situation des «Heilungs-Sakramentes» in der nachkonziliaren katholischen Kirche, 1972 und Herbert Vorgrimler, Die Krankensalbung, in Schmaus u.a., Handbuch der Dogmengeschichte IV/3, Seite 213-234. Die Arbeit Vorgrimlers enthält ausführliche Literaturhinweise.

120 Die Texte sind in Übersetzung bei Sergius Heitz (Hrsg.), Der Orthodoxe Gottesdienst, Band I...Seite 505-534 zugänglich

121 vgl. besonders Kapitel 3.1. Jesu doppelter Auftrag

122 J. Cameron Peddi, Die vergessene Gabe...Seite 9

123 vgl. dazu das Zitat von G. Friedrich in Anmerkung 12

124 Das Kapitel verdankt seine Entstehung dem Gespräch mit Helmut Burkhardt, dem ich an dieser Stelle ausdrücklich danke.

125 vgl. Kapitel 7.8. Gottes Zeit und unsere Zeit; 7.7. Der Einzelne und das Reich Gottes und 7.4. Heilungen und Eschatologie

126 vgl. Kapitel 7.1. Erfahrung und Theologie

127 vgl. die Bücher von Alfred Roth, Emil Rupflin und Hans Brandenburg

128 G. Sauter, Die Theologie des Reiches Gottes, Seite 44; [Hervorhebung von mir, W.B.]

129 Karl Barth, Die protestantische Theologie im 19. Jahrhundert. 2. Auflage 1952, Seite 594 [in der 3. Auflage 1960 auf Seite 561]

130 vgl. Kapitel 3.11. Heilung von Krankheit und das Heil Gottes

131 vgl. B. Häring, Heilender Dienst, passim

132 R. und M. Hengel, Die Heilungen Jesu, Seite 364f

133 WA 10,III, Seite 232,2f

134 Johann Christoph Blumhardt, Schriftauslegung, Seite 280 in der Auslegung des Unser Vaters. Vgl. die Aussage des Sohnes: «Unser grösstes Unglück ist das, dass wir tun können, wie wir wollen, dass wir unsere Wege in der Welt selber machen» (Harder I, Seite 150). Vgl. dazu Kapitel 2.4. Der Zusammenhang von Individuum und Gemeinschaft

140

135 G. Sauter, Die Theologie des Reiches Gottes, Seite 45f. Das Blumhardt-Zitat stammt aus der Verteidigungsschrift gegen Herrn Dr. de Valenti, in: J. Chr. Blumhardt, Der Kampf in Möttlingen, Texte, Seite 170

136 Markus 3,27; vgl. dazu Kapitel 3.5. Der Sieg über den 'Starken'. Beachte aber auch Blumhardt: «Würden die Gläubigen es besser verstehen, wieviel an einem jeden derselben liegt, wenn er sich in der Kraft Christi, die ihm durch den Glauben geschenkt wird, völlig heraushaut..., wie sein eigener Sieg über sich selbst dem Ganzen dient und vielen zugut kommt, und wie er mit jeder eigentlichen Glaubenstat zur Förderung des Reiches Gottes im Grossen etwas beiträgt,..sie würden nicht so häufig als geistliche Faulenzer erscheinen, sondern sich ernstlich darauf legen, zu laufen durch Geduld in den (!) Kampf, der ihnen verordnet ist (Hebr 12,1).» Johann Christoph Blumhardt, Verteidigungsschrift gegen Herr Dr. de Valenti, in Ders., Der Kampf in Möttlingen, Texte, Seite 170.

137 vgl. Sauter, a.a.O. Seite 35, Anmerkung 26. Sauter spricht im Blick auf Barth von einer «Ontologie der Gnade» und weist auf Seite 36 auf die Differenz zwischen Barth und Blumhardt in ihrer Auffassung vom Bösen hin.

138 vgl. Jesaja 49,1-6 als Grundlage und dazu u.a. Apostelgeschichte 13,46-49 und Römer 9-11. Vgl. die breitere Darstellung des Sachverhaltes im Exkurs nach Kapitel 4.2.1.

139 vgl. Offenbarung 2,5.16 u.a.

140 WA 15, Seite 32

141 vgl. u.a. J. Chr. Blumhardt, Schriftauslegung, Seite 1ff (über den heiligen Geist) und 67ff (über die Wunder); dazu Chr. Blumhardt, Gedanken aus dem Reiche Gottes, passim. Im Zusammenhang mit Krankenheilung sehr schön ders. Briefblätter 1885, Nr. 13, Seite 4 vom Anfang Juli 1885

142 vgl. den interessanten Beitrag von R. Bohren, Die Hauskirche Johann Christoph Blumhardts.

143 zitiert bei E. Jäckh, Christoph Blumhardt, Seite 32. Zum Geschehen selbst vgl. ebda. Seite 24-32; Fr. Zündel, Johann Christoph Blumhardt, Seite 107-148 zur Krankheit der Gottliebin Dittus und Seite 149ff über die darauffolgende Erweckungszeit. Zum Geschehen des 'Kampfes' selbst sind nach wie vor die Texte von Johann Christoph Blumhardt wegen ihrer grossen Nüchternheit und klaren Durchblicke wichtig. Man sollte aber zum eigenen Gewinn den ergänzenden und in vieler Hinsicht kritischen Bericht des Sohnes vergleichen: Christoph Blumhardt, Gedanken aus dem Reiche Gottes.

144 Sacharja 1,11; vgl. Jesaja 42,14a

145 J. Chr. Blumhardt, Verkündigung, Seite 126; vgl. bei Sauter, Theologie des Reiches Gottes, Seite 39

146 vgl. Kapitel 2.6. Gott als Arzt, 8.5. Krankenheilung und Medizin und 8.6. Medizin und Menschenbild

147 vgl. dazu Kapitel 5.6. Die Sicht des älteren Pietismus und 8.1. 'Krankheit' und 'Leiden'

148 vgl. Kapitel 6.4. Ein Neuanfang durch die charismatische Bewegung?

149 vgl. Kapitel 4.2.5. Heilungen in den paulinischen Gemeinden

150 vgl. Kapitel 4.2.6. Die Gemeindeanweisung bei Jakobus (5,14-16)

151 vgl. dazu Anmerkung 74 sowie Kapitel 6.6. Die Situation in der katholischen und in der orthodoxen Kirche

152 vgl. Kapitel 5.5. Luthers Erfahrung mit Krankenheilung

153 vgl. dazu Heinz Doebert, Das Charisma.., Seite 87f: «Ein eigenes Amt der Heilungen suchen wir allerdings auch in den frühlutherischen Kirchenordnungen vergeblich. Wir verspüren Ansätze, aber dabei bleibt es dann auch...»

154 Christoph Blumhardt, in Harder II, Seite 68

155 vgl. dazu den schönen Erfahrungsbericht von Karl Ecker

156 vgl. Kapitel 6.5. über George Bennett

157 Roy Lawrence, Wirkungen göttlicher Kraft, Seite 100f

158 vgl. Kapitel 6.3. Ansätze in Deutschland und in der Schweiz. Die Zitate stammen aus dem Buch von B. Martin, Seite 19f.

159 vgl. Kapitel 8.4. Auftrag, Begabung und Verheissung

160 vgl. Kapitel 7.9. Das erste Gebot und unsere Wirklichkeit

161 Christoph Blumhardt, Gedanken aus dem Reiche Gottes, Seite 146f; vgl. auch die umsichtige Stellungnahme Blumhardts zur Frage Medizin und/oder Glaubensheilung in ders. Briefblätter 1885, Nr. 13, Seite 4 vom Anfang Juli 1885

162 vgl. Kapitel 8.2. Keine Technik – sondern ER

163 Ders., Harder II, Seite 34

164 Es sind verschiedene Missverständnisse möglich. Der bildhafte Charakter der biblischen Sprache kann so abgewertet werden, dass man die Bilder 'nur' für Bilder hält. Man meint dann, man könne HINTER diese Bilder zurückgehen. Man möchte die Bilder abstreifen, um so zu ihrem 'Inhalt' vorzustossen, der sich je nach geistiger Grundhaltung als eine Idee, als geistige, psychische oder sittliche 'Wahrheit' entpuppt. Unter dieser Voraussetzung gilt das Bild als eine vorläufige Ausdrucksform, ja es wird für die 'eigentliche' Erkenntnis der Wahrheit selbst zum Hindernis.
Es gibt aber auch das gegenteilige Missverständnis, dass man die Bilder für die Wirklichkeit hält, dass die tatsächliche 'Bildhaftigkeit' übersehen wird. Auch dabei zerbricht uns die Differenziertheit biblischen Redens.
Der rechte Umgang müsste beides vermeiden können. Die biblischen Bilder sprechen von Wirklichkeiten, sind aber nicht selbst diese Wirklichkeiten. Dass, um ein Beispiel zu nehmen, die Apokalypse von einem «Thron» im Himmel spricht (Offenbarung 4,2; man könnte jedes andere Beispiel dafür einsetzen), ist in strengem Sinn ein BILD der Wirklichkeit. Sie wird in diesem 'Bild' beschrieben und uns so zugänglich, geht aber nicht im Bild auf.
Nun ist es jedoch andererseits auch nicht so, dass es sich hier NUR um ein Bild handeln würde, das man ebensogut preisgeben könnte. Nein, in diesem Bild, das wirklich BILD ist, ist die Wirklichkeit, von der das Bild spricht, wirklich 'da', dem Menschen wirklich zugänglich. Das Bild ist tatsächlich Wiedergabe der Wirklichkeit. Darum kann und muss man die biblische Sprache GERADE IN IHRER BILDHAFTIGKEIT ganz ernst nehmen. Begriffe mögen vielleicht austauschbar sein, Bilder aber sind es nie!

165 Uns begegnen heute sowohl die alten Formen der Magie, des spiritistischen Heilens, als auch neuere, gesellschaftlich anerkanntere Formen, die sich auch nach aussen hin 'wissenschaftlich' verhalten. In unserem Einflussbereich zählt dazu vor allem die Medizin der Anthroposophie. Dazu treten Bewegungen, die vermehrt in unsere abendländische Welt eindringen. Fernöstliche und indianische Wege werden unter uns bekannt und versprechen, über Meditation zur Transzendenzbegegnung und zu vertieftem Lebens- und Weltbewusstsein zu führen.

166 vgl. die Kapitel dieser Arbeit, in denen diese Sicht bereits anklingt: 3.5. Der Sieg über den «Starken»; 3.6. Sieg, Kampf und Transzendenz sowie den Anhang über Das Weltbild der Bibel – und wir Menschen von heute. Zum Thema vgl. man vor allem Otto Michel, Gestaltwandel des Bösen.

167 Empfehlenswert und einfach erhältlich ist die dreibändige Auswahlausgabe von Johannes Harder. In dieser Ausgabe ist die Verkündigung Blumhardts jeweils in kleinen Abschnitten dargeboten, die man gut einzeln lesen, bedenken und verarbeiten kann.

168 vgl. dazu die Titel von Bonhoeffer, Riesner, Stoy und Harper

169 vgl. dazu Kapitel 3.4. Die Vertiefung der alttestamentlichen Sicht, 3.5. Der Sieg über den «Starken» und 3.6. Sieg, Kampf und Transzendenz

170 Chr. Blumhardt, Harder I, Seite 138

142

171 vgl. Kapitel 8.3. Charisma oder Auftrag? und 8.4. Auftrag, Begabung und Verheissung.

172 vgl. Kapitel 8.4. Auftrag, Begabung und Verheissung

173 »In UNSEREM Heute ist jenes nicht vergessen; wir wissen wohl die Macht verborgener Gewalten und kennen die innere Gebundenheit, die noch übrig ist und dem Reiche Gottes im Wege steht. Aber unsere Erlebnisse lassen uns in UNSEREM Heute hiervon mehr absehen, denn Gott hat uns die Augen aufgetan zu sehen, dass das Menschliche, das was Fleisch heisst, DER Widerstand ist, dessen Vernichtung noch wichtigere Folgen haben wird, als ein Sieg wider Dämonen. Darum besteht unser HEUTE darin, dass WIR sterben, damit Jesus lebe, d.h. wir wollen Gestorbene sein allem Menschlichen und auf Menschliches hin Gerichtetem, damit nicht mit Gott, mit Christus, mit Geist Menschliches gepflegt werde, sondern dass mit Gott, mit Christus, mit Geist Menschliches in seinem Fleisch aufgedeckt und gerichtet werde...Wenn darum früher das Losungswort geheissen hat: «Jesus ist Sieger!» zunächst im Kampfe wider Finsternis und Aberglaube...so heisst HEUTE das Losungswort: «Sterbet! denn nur dann wird Jesus leben können!» Christoph Blumhardt, Gedanken aus dem Reiche Gottes, Seite 15f

174 Chr. Blumhardt, Harder II, Seite 30 [Hervorhebung bei Blumhardt]

175 Einen parallelen Vorgang stellt das heutige Gespräch um die Sterbeproblematik dar, das mit Elisabeth Kübler-Ross geführt wird. Sie spricht aus reicher, eigener Erfahrung, was ihr im Gespräch eine Position der Stärke verleiht. Sie unterlegt aber ihren Erfahrungen ein stark systematisiertes Weltbild, das aus verschiedenartigen Elementen zusammengesetzt ist und für Christen äusserst bedenklich bleiben muss. Auf Widerspruch, der sich gegen dieses systematisierende Verfahren richtet, antwortet sie mit dem Hinweis auf ihre konkreten Einzelerfahrungen. Dass sie auf den Mangel an Erfahrung bei ihren Gesprächspartnern aufmerksam macht, ist wichtig. Doch ist ein Gespräch nicht mehr hilfreich und weiterführend, wenn es nicht mehr deutlich machen kann, wie dieselben Erfahrungen auf dem Hintergrund einer anderen systematischen Einsicht auch anders interpretiert werden können. Hier fallen Erfahrung und ungeklärte Interpretation verwirrend in eins zusammen.

176 Es ist zu fragen, ob die gängigen Interpretationen der Charismen-Texte des Neuen Testamentes nicht oft das, was in den Texten selbst in anderen Zusammenhängen steht, auf ähnliche Weise verformen. Geisterfahrungen sind zwar in der Bibel oft Formen charismatischer Erfahrungen, gehen aber in ihnen nicht auf. *Es gibt auch nicht-charismatische Geisterfahrung.* Diese Differenz muss beachtet werden. – Mir ist in diesem Zusammenhang eine Aussage eines Mannes in lebendiger Erinnerung, der selbst seit langer Zeit innerhalb der charismatischen Bewegung steht und mir sagte: «Die meisten haben charismatische Gaben, aber kaum einmal weiss jemand, wer der lebendige Gott ist; sie haben IHN noch nie erfahren.»

177 vgl. Kapitel 6.4. Ein Neuanfang durch die charismatische Bewegung? Als Beispiel vgl. auch das merkwürdige Büchlein des schottischen Pfarrers John Cameron Peddie, Die vergessene Gabe, 2. Auflage 1980. Bei Peddie ist der Übergang zwischen Magnetismus und Gottes heilender Kraft sehr fliessend. Auch die Grenzziehung zwischen Spiritualismus, Spiritismus und christlicher Geisterfahrung bleibt bei der Lektüre völlig unklar.

178 vgl. dazu die Artikel über Befreiende Seelsorge in Ernst Rudin (Hrsg.), Arbeitshilfe für Seelsorger

179 vgl. Otto Michel, Gestaltwandel des Bösen, Seite 89f

180 Neben Gruppen, z.B. Hauskreisen, sind es in der Erfahrung meist Einzelpersonen, die für solchen Dienst bekannt werden. Es ist schade, wenn der Bezug dieser Einzelpersonen zur konkreten Gemeinde undeutlich bleibt. Allerdings gilt, dass dafür meist diese Menschen nicht allein verantwortlich gemacht werden können. Ähnlich stellt sich das Problem, wenn in christlichen Ferienheimen Seelsorge als ein

Dienst geschieht, in dessen Verlauf auch Heilungen erfahren werden. Möge Gott uns das noch viel mehr schenken. Auch hier sollte irgendwie deutlich sein, dass sich solche Heime als besonderer Dienstauftrag IN der Gemeinde und FÜR die Gemeinde verstehen und nicht irgendwie selbst zum Gemeindeersatz werden.

Es soll aber betont sein, dass solche Stätten, wo man im Geist Jesu Erholung für den Leib und innere Zurüstung unter klarer Verkündigung und Seelsorge finden kann, für ausserordentlich wichtig angesehen werden. Es gibt Probleme, die unter den normalen Bedingungen gemeindlichen Lebens, wo der Einzelne ja aus dem Getriebe des Alltags nicht aussteigen kann, viel schwerer lösbar sind. Die innere Verbindung einer Gemeinde zu solchen Stätten der Seelsorge sollte als wichtige Möglichkeit gemeindlicher Arbeit erkannt und bewusst gepflegt werden. Dabei ist vor allem an die Häuser zu denken, die von Menschen mit kommunitärer Lebensform geführt werden. In solchen Häusern ist die Gefahr der Bindung an Einzelne schwächer. Die Vorbildhaftigkeit bruderschaftlichen Lebens kann einer Gemeinde anschaubar werden. Sind solche Häuser einer Gemeinde bekannt und – vielleicht durch Gemeindeausflüge, Retraiten usw. – vertraut, können sich Verbindungen ergeben, die sowohl für die Gemeinde wie für die Bruderschaft zum Segen werden.

181 vgl. Kapitel 4.2.6. Die Gemeindeanweisung bei Jakobus
182 vgl. A. Zimmermann, Art. «Ältester» in BBW, Spalte 9ff
183 Der Dienstkreis müsste jedoch VOR seinem Dienst bedenken, was der Jakobusbrief über das Bekenntnis der Sünde gerade ihnen, nicht in erster Linie dem Kranken, zu sagen hat. Vgl. Kapitel 4.2.6.
184 vgl. Kapitel 7.4. Heilungen und Eschatologie
185 vgl. Kapitel 7.7. Der Einzelne und das Reich Gottes
186 vgl. Kapitel 7.8. Gottes Zeit und unsere Zeit
187 Ein Beispiel sei dafür angeführt. Wir bitten vielleicht um Weisheit für irgendeine Entscheidung, die in unserem Leben getroffen werden muss. WO innerhalb des Gebetes unseres Herrn hat solche Bitte ihren Platz? Vielleicht kann es die Bitte «Und führe uns nicht in Versuchung» sein. Wenn es so ist, dann wird uns unser Gebet sicher in einem anderen Licht erscheinen. Oder gehört das Anliegen zur Bitte «Dein Wille geschehe»? Daran muss uns deutlich werden, dass das, was wir für 'unsere' Entscheidung halten, ins Licht von Gottes Willen, ja von Gottes Entscheidungen für unsere Welt und seine Herrschaft zu stehen kommt. Wir gehören zusammen mit unseren Entscheidungen in diesen grossen Zusammenhang. Das kann uns vollends klar werden, wenn unser Gebet in den Lichtkegel der Bitte «Dein Reich komme» gerät. Unsere Entscheidung, die wir vielleicht ganz eng auf uns selbst, auf unsere Interessen bezogen haben, kann erst da recht getroffen werden, wo wir merken: Gottes Herrschaft will in unserer Mitte, ja durch unser Leben hindurch anbrechen. Das hängt aber sehr wohl mit 'unseren' Entscheidungen zusammen. Wir werden da aus unseren kleinen Zusammenhängen regelrecht herausgezogen, hinein in Gottes grosse Dimensionen. Sehr viel kann mit solch einem Anliegen geschehen, wenn es unter das Licht des Unser-Vaters gerät.
188 In der Diskussion um die Schöpfungsberichte der Bibel in der Auseinandersetzung mit der modernen Naturwissenschaft steht im Grunde dasselbe Problem an.
189 So in einer evangelikalen Veröffentlichung zu unserem Problem. Im selben Aufsatz konnte man lesen: «Das sogenannte 'biblische Weltbild',...also die naturkundlichen und weltbildhaften Aussagen, die immer wieder im sprachlichen Gewand des biblischen Zeugnisses durchscheinen, hat mit den aufgeführten Grundrealitäten der biblischen Wirklichkeitsauffassung nichts zu tun...» Dass es hier um ein schweres Problem geht, ist allen an der Diskussion Beteiligten klar. Aber SO lässt es sich sicher NICHT lösen. WO liegen denn die Massstäbe für die Unterscheidung zwischen dem 'Gewand' und den 'Grundrealitäten', und WER setzt sie?
190 H. M. Kuitert, Gott in Menschengestalt, Seite 240

144

191 Es ist deutlich, dass dieses Problem einer weiten und umfassenden Klärung bedarf. Hingewiesen sei auf zwei Denker, die anhand des Problems der Sprache sich diesem Fragenkreis ständig angenähert haben: Johann Georg Hamann (1730-1788) und Eugen Rosenstock-Huessy (1888-)

192 H. Gese, Die Frage des Weltbildes, Seite 202

193 ebda., Seite 205

194 In der weiteren Diskussion müsste diese knappe Skizze differenziert und erweitert werden. Zur Differenzierung: Es gibt nicht nur diese Richtung der Medizin, die ihre Forschung der Methodik der Naturwissenshaft anpasst. Zur Erweiterung: Es gibt auch die andere Einseitigkeit, dass man z.B. in gewissen Psychoanalysen allein auf das Psychische sieht. Zu beiden Aspekten vgl. B. Häring, Heilender Dienst, Seite 52.

Im Sinn dieser Arbeit muss jedoch festgehalten werden: Auch wenn in der Medizin die leib-seelische GANZHEIT des Menschen erkannt und durchgehalten wird, so ist doch noch offen, ob man auch die tieferen Dimensionen, die in unserem Menschsein liegen und in die wir hineingestellt sind, sehen kann. *Wir stehen innerhalb von Mächten, die sich zwar psychisch und somatisch in unserem Leben äussern, selbst jedoch weder psychisch noch somatisch sind.* Es genügt deshalb NICHT, den Menschen in seiner eigenen Ganzheit zu sehen. Wir müssen ihn in der ihn umgreifenden Ganzheit der Schöpfung, in die er gestellt ist, entdecken. Die Schöpfung wird aber von der Bibel wiederum als Ganzheit sowohl der sichtbaren wie der unsichtbaren Welt gesehen. Jede Heilung, die im vollen Sinn wirklich eine Heil-Machung ist, bedeutet einen Eingriff bis tief hinein in die unsichtbare Welt!

195 vgl. die Schwiegermutter des Petrus, die nach ihrer Heilung von schwerem Fieber sofort aufstehen kann, um Jesus und seine Jünger zu bedienen (Lukas 4,38-39). Vgl. dazu Kapitel 3.4. Die Vertiefung der alttestamentlichen Sicht

196 Wenigstens in einer Anmerkung soll auf die Notwendigkeit einer 'christlichen Weisheitslehre' hingewiesen werden. Heute scheint unter Christen geradezu eine panische Angst vor 'Gesetzlichkeit' zu herrschen. Sie lässt uns beinahe tatenlos zusehen, wie menschliche Werte, die zu den Grunderfordernissen für gesundes Menschsein gehören und ohne die ein Fortbestand unserer Welt kaum mehr gesichert erscheint, preisgegeben werden. Auf allen Gebieten der Ethik wird deutlich, dass wir von einer ORDNUNG, in die uns Gott durch seine Schöpfung und seine Gebote gestellt hat und die für unser Menschsein unaufgebbar ist, nichts mehr wissen wollen. *Unter dem Deckmantel des Kampfes gegen die Gesetzlichkeit wird heute der Kampf gegen die Ordnungen Gottes geführt.*

Eine christliche Weisheitslehre müsste diese Zusammenhänge aufdecken und die Menschen lehren, die Ordnungen und Zusammenhänge, in die wir von Gott gestellt sind, wahrzunehmen, sie zu beachten und sich in sie einzufügen.

LITERATURVERZEICHNIS

1. EINFÜHRENDER LITERATURBERICHT

Hier soll wenigstens ausschnittweise die Literatur erwähnt werden, die die Frage der Krankenheilung für den Verlauf der Kirchengeschichte untersucht:

Adolf von Harnack, Medizinisches aus der ältesten Kirchengeschichte, 1892 (vgl. dazu E. Fascher, Jesus, der Arzt)

Ders., Die Mission und Ausbreitung des Christentums in den ersten drei Jahrhunderten, Band I. Leipzig 4. Aufl. 1924. Siehe vor allem das zweite Buch des ersten Bandes: Die Missionspredigt in Wort und Tat, Zweites Kapitel: Das Evangelium vom Heiland und von der Heilung, Seite 129-150; Drittes Kapitel: Der Kampf gegen die Dämonen, Seite 151-170.

Die Arbeiten von Harnacks sind bis heute wichtig. Sie bieten umfassende Quellenbelege für die frühe Zeit.

Für die älteste Zeit der Kirchengeschichte (bis zum Nizänum) existiert eine differenzierte Studie:

Evelyn Frost, Christian Healing. A Consideration of the Place of spiritual Healing in the Church of Today in the Light of the Doctrine and Practice of the ante-nicene Church. London 1940 [3. Auflage 1954]

Das Buch ist anhand der Quellen selbständig erarbeitet. Es enthält alle Quellenbelege in Übersetzungen. Frost zieht aus den Ergebnissen für diese frühe Zeit Konsequenzen für die heutige Praxis. Leider haben wir für die anderen Bereiche der Kirchengeschichte (mit Ausnahme der Arbeit Zsindelys über den älteren Pietismus) keine dementsprechende Untersuchung, geschweige denn über den Gesamtbereich der Kirchengeschichte.

Den Versuch, einen Überblick über den Gesamtverlauf der Kirchengeschichte zu geben, unternahm
Morton T. Kelsey, Healing and Christianity, London 1973.
    Der kirchengeschichtliche Teil dieser Schrift lässt erahnen, welch interessante Texte für diesen Zeitraum überhaupt existieren. Kelseys Arbeit ist verdienstvoll, auch wenn sie weit von jeder Vollständigkeit entfernt bleibt. Sie wird für jeden, der an die Bearbeitung dieses Fragenkomplexes geht, grundlegend sein. Für den Bereich der Kirchengeschichte sind die Belege etwa bis zur Reformation relativ ausführlich. Für den weiteren Bereich bleibt der Überblick sehr fragmentarisch.

    Leider hat das Buch im theologischen Bereich Schwächen, die nicht verheimlicht werden sollen. Der Verfasser legt als Schüler C. G. Jungs eine Interpretation vor, die psychologische Einsichten als Verständnisraster für biblisch- und praktisch-theologische Probleme verwendet. Dabei scheint es, das Verhältnis zwischen Verständnisraster und theologischen Aussagen sei für Kelsey nicht problematisch.

Für einen Teilbereich finden sich wichtige Hinweise bei
Karl Holl, Die Missionsmethode der alten und die der mittelalterlichen Kirche...1928 [Neudruck 1974]

Für die Auseinandersetzung Luthers mit dem Krankheitsproblem existiert eine eigene kleine Studie:
Erwin Mühlhaupt, Luthers Kampf mit der Krankheit, 1958

Die Stellung des älteren Pietismus zur Krankheit wird ausführlich dargestellt und untersucht bei
Endre Zsindely, Krankheit und Heilung im älteren Pietismus. Zürich 1962. Das Buch Zsindelys geht vor allem auf die spezielle Krankenliteratur des Pietismus der älteren Zeit ein. Seine Ergebnisse sind für die Einschätzung unserer heutigen Problematik wichtig.

Leider haben wir für die Neuaufbrüche im 19. und 20. Jahrhundert keine zusammenfassende Untersuchung. Über wichtige Gestalten dieser Zeit existieren Berichte, Biographien und Einzelaufsätze. Sofern sie auf Krankenheilung eingehen, werden Erfahrungen durch Berichte dokumentiert, ohne dass untersuchend oder vergleichend dieses Material ausgewertet würde. Eine genaue Untersuchung auf breiterer Quellenbasis wäre für uns sehr wichtig. Erinnert sei vor allem an Blumhardt Vater und Sohn, an Dorothea Trudel in Männedorf, an Vater Stanger in Möttlingen, Henriette von Seckendorff in Bad Cannstatt, Johannes Seitz in Teichwolframsdorf. Für den katholischen Bereich sind neben dem einflussreichen Pfarrer von Ars, J. M. Vianney, vor allem Pater J. J. Gassner (1727-1797), mit dem sich Lavater intensiv auseinandersetzte, zu erwähnen. Dazu kommen Fürst Alexander zu Hohenlohe-Waldenburg und der bedeutende Schweizer Niklaus Wolf von Rippertschwand (1736-1832). Folgende Literatur liegt vor:

W. Nigg, Grosse Heilige. Zürich 1946 [Neuauflagen], Seite 355-391 (über J. M. Vianney).

M. de Saint-Pierre, Der Pfarrer von Ars. Freiburg i. Br. 1975

Zu Gassner und Fürst Alexander von Hohenlohe vgl. RGG[3] III, Spalte 194f

Über Niklaus Wolf vgl. die Arbeit von Anton Sigrist, Niklaus Wolf von Rippertschwand, Luzern 1952. Diese Studie ist in unserem Raum leider beinahe unbekannt geblieben. Wolf, ein frommer Landwirt, setzte sich intensiv mit den Strömungen der aufklärerischen Theologie auseinander. Er fragte innerlich bedrängt nach der Bedeutung der Krankenheilung für die Erneuerung der Kirche und der Theologie. Viele Probleme, die bis heute in Gesprächen auftauchen, sind schon bei ihm aufgenommen und beantwortet worden. Sigrist zeichnet Leben, Wirksamkeit und Denken Niklaus Wolfs gut im grossen Zusammenhang der geschichtlichen und geistigen Entwicklung seiner Zeit. Sigrist gibt auch Hinweise auf andere Männer, z.B. auf Gassner und Lavater.

Als 'Quelle' für Niklaus Wolf ist bis heute grundlegend
J. Ackermann, Die Macht des christlichen Glaubens, 4. Auflage 1846. Ackermann, selbst Priester, enger Vertrauter und Mitarbeiter Wolfs, gab dem Buch eine «Zugabe seiner übrigen Gebete zur Heilung des Tages sammt Messgebeten» bei (Seiten 162-177). Unter dem Titel «Abendgebet» findet sich (Seite 175) Luthers Abendsegen, der sich offensichtlich in Wolfs Nachlass befunden haben muss und von Ackermann als Gebet Niklaus Wolfs angesehen wurde.

Für den katholischen Bereich ist noch auf die verschiedenen Veröffentlichungen von W. Schamoni hinzuweisen, z.B.
W. Schamoni, Auferweckungen vom Tode…1968.

148

Schamoni weist in seinen Büchern vor allem auf die Heiligsprechungsakte hin, wo eine immense Fülle bestens bezeugter Heilungserfahrungen vorhanden ist. Die Belege gehen bis weit in unser Jahrhundert hinein. In der zitierten Veröffentlichung geht es um einen kleinen Ausschnitt solcher Erfahrungen. Wichtig ist der Hinweis von Schamoni, wie streng die Untersuchungen jeweils verliefen. Jede Täuschung sollte ausgeschlossen werden können. Die letzte Totenerweckung, die Schamoni belegt, stammt aus unserem Jahrhundert.

Auf Literatur von und über die beiden Blumhardt wird im Zusammenhang mit Kapitel 5.7. hingewiesen.

Auch aus dem Raum der russisch-orthodoxen Kirche werden Heilungen überliefert, vor allem im Zusammenhang der Wirksamkeit der grossen Starzen. Bekannt für Heilungen war besonders Starez Seraphim (1759-1833). Vgl. dazu:
Igor Smolitsch, Leben und Lehre der Starzen. 1936, Seite 209-257. Starez Seraphim betonte in seiner Verkündigung stark die Wirkung des Heiligen Geistes und die Kraft Gottes, die gerade für die Heilung vorhanden sei. In seiner Tätigkeit waren die Gabe der 'Seelenschau', der Prophetie und der Krankenheilung zur Einheit verbunden.

In mancher Hinsicht sind die Berichte über den Glaubensmann Cyprien Vignes aus den Cevennen interessant. Um ihn entbrannte Ende des vergangenen Jahrhunderts innerhalb der Evangelischen Gesellschaft des Kantons Bern eine zum Teil heftige Auseinandersetzung. Das Material ist mit Quellenangaben dargestellt bei:
Markus Nägeli, Die Evangelische Gesellschaft des Kantons Bern in der Auseinandersetzung mit der Heiligungsbewegung; in: Dellsperger – Nägeli – Ramser, Auf dein Wort..., Bern 1982, Seite 301-307. Dieser Bericht zeigt eindrücklich, wie man von verantwortlicher Seite her überaus unsicher war, solche 'neuen' Erscheinungen zu beurteilen. Aus Furcht vor möglichem Missbrauch und Aufruhr distanzierte man sich lieber davon. Auch die Angst, es könnte 'Unruhe' in den Gemeinden entstehen, war ein wichtiger Faktor bei der Beurteilung.

Über die neueren Aufbrüche findet sich viel Material bei:
Otto Witt, Krankenheilung im Lichte der Bibel. Zwei Bände, 1957 und 1959. Witt bringt eine grosse Zahl heute kaum mehr erreichbarer Belege. Meist handelt es sich um Erfahrungsberichte und Rundbriefe. Seine Referate sind mit positiven Stellungnahmen eng gekoppelt. Hier wird einem manches fraglich. So wertet er z.B. die Bewegungen um Branham und Osborn äusserst positiv. Was wir vom heutigen Standpunkt aus über diese Unternehmen wissen, lässt uns die Vorgänge auch in ihrer frühen Zeit in einem anderen Licht erscheinen.

Für den neueren Verlauf, vor allem aus dem Bereich der charismatischen Bewegung, ist die Literatur inzwischen zu einer unübersehbaren Fülle angewachsen. Dazu kommen wichtige Berichte aus der äusseren Mission und aus Erweckungsgebieten. Dieses Material bedürfte im Blick auf das Thema der Krankenheilung einer eigenen, thematischen Auswertung. Hier liegen konkrete Erfahrungen vor, die zum Teil unterschiedlich reflektiert sind. Auch das Verhältnis zwischen Glaubensheilung und medizinischer Betreuung wird in diese Überlegungen einbezogen. Neben verschiedenen Beiträgen von H. Mühlen und den in der Bibliographie nachgewiesenen Aufsätzen von Böhringer, Ecker und von Gagern sei auf die Bücher von Francis MacNutt hingewiesen. Er kommt als katholischer Priester aus der amerikanischen katholisch-charismatischen Bewegung:
Francis MacNutt, Die Kraft zu heilen. 3. Auflage 1979
Ders., Beauftragt zu heilen. 1979

Unabhängig von der charismatischen Bewegung kam es in der anglikanischen Kirche Englands zu Heilungserfahrungen. Die Berichte aus diesem Raum gehören wohl zum Wegweisendsten, was wir im Moment über dieses Thema besitzen. Sie kommen aus reicher Erfahrung und verbinden biblische Klarheit mit wohltuender Nüchternheit.

George Bennet, Das Wunder von Crowhurst...2. Auflage 1982
Ders., Heilung brauchen wir alle...2. Aufl. 1979
Ders., Jesus befreit und heilt...1976
Roy Lawrence, Wirkungen göttlicher Kraft...1978

2. HILFSMITTEL

Biblisch – historisches Handwörterbuch, hrsgg. von Bo Reicke und Leonhard Rost. Band II, Göttingen 1964 [abgek.: BHHW, Band II]

Brockhaus Biblisches Wörterbuch, hrsgg. von Fritz Grünzweig, Jürgen Blunck, Martin Holland, Ulrich Laepple und Rolf Scheffbuch. Wuppertal 1982 [abgek.: BBW]

Exegetisches Wörterbuch zum Neuen Testament, hrsgg. von Horst Balz und und Gerhard Schneider. Drei Bände. Stuttgart 1980ff
[abgek.: EWNT]

Kommentar zum Neuen Testament aus Talmud und Midrasch, hrsg. von (Hermann L. Strack und) Paul Billerbeck. 6 Bände, München 1926ff
[abgek. St-B]

Lexikon für Theologie und Kirche, hrsgg. von J. Höfer und K. Rahner. 10 Bände und ein Registerband. 2. völlig neu bearbeitete Auflage. Freiburg u.a. 1957ff [abgek.: LThK]

Patrologie. Leben, Schriften und Lehre der Kirchenväter, von Berthold Altaner und Alfred Stuiber. 9. Auflage, Freiburg u.a. 1980 [abgek.: Patrologie]

Theologisches Begriffslexikon zum Neuen Testament, hrsgg. von Lothar Coenen, Erich Beyreuther und Hans Bietenhard. Drei Bände. 3. Auflage, Wuppertal 1972 (Neuauflagen in zwei Bänden) [abgek.: ThBLNT]

Theologisches Handwörterbuch zum Alten Testament, hrsgg. von Ernst Jenni und Claus Westermann. Zwei Bände. München und Zürich 1971/1976 [abgek.: THAT]

Theologisches Wörterbuch zum Alten Testament. In Verbindung mit George W. Anderson...hrsgg. von G. Johannes Botterweck und Helmer Ring gren (ab Band IV hrsgg. von G. Johannes Botterweck †, Helmer Ringgren und Heinz-Josef Fabry). Bisher erschienen Bände I bis III und von Band IV Lieferungen 1 bis 7. Stuttgart u.a. 1970ff [abgek.: ThWAT]

Theologisches Wörterbuch zum Neuen Testament, begr. von Gerhard Kittel, hrsg. von Gerhard Friedrich. 10 Bände. Stuttgart 1933ff [abgek.: ThWNT]

3. DARSTELLUNGEN, UNTERSUCHUNGEN usw.

Ackermann, Joseph: Die Macht des christlichen Glaubens. Dargestellt im Leben des durch auffallende Gebetserhörungen merkwürdig gewordenen Nikolaus Wolf von Rippertschwand, aus dem Kanton Luzern. Mit einem Anhange von Mess- und andern katholischen Gebeten. Vierte verbesserte und vermehrte Auflage. Luzern 1846 [Erstauflage Luzern 1832]

Aland, Kurt (Hrsg.): Lutherlexikon. Stuttgart 1957

(Anonymus): Das Buch von der mystischen Kontemplation, genannt Die Wolke des Nichtwissens, worin die Seele sich mit Gott vereint. Übertragen und eingeleitet von Wolfgang Riehle. (Christliche Meister Band 8), Einsiedeln 1980

150

Anselm von Canterbury: Cur Deus Homo. Warum Gott Mensch geworden. Lateinisch und Deutsch. Besorgt und übersetzt von Franciscus Salesius Schmitt O.S.B. Darmstadt 3. Auflage 1970 (1. Aufl. 1956)

Barth, Karl: Die Protestantische Theologie im 19. Jahrhundert. Ihre Vorgeschichte und ihre Geschichte. 2 Bände. Hamburg o.J. (Nachdruck der 3. Auflage, Zollikon-Zürich 1960)

Bennet, George: Das Wunder von Crowhurst, oder Der Heilungsauftrag Jesu, mit Beiträgen von Balthasar Fischer und Otto Witt. Wuppertal und Trier 1972 (Neuauflage Metzingen ca. 1982)

-: Heilung brauchen wir alle. Wegweisung für den biblischen Dienst am Kranken. Metzingen und Aschaffenburg. 2. Auflage 1979

-: Jesus befreit und heilt. Metzingen und Aschaffenburg 1978

Betz, Otto: Wie verstehen wir das Neue Testament? Wuppertal 1981

-: Jesu Heiliger Krieg. Novum Testamentum (2) 1957, Seite 116-137

- und Grimm, Werner: Wesen und Wirklichkeit der Wunder Jesu. Heilungen – Rettungen – Zeichen – Aufleuchtungen... (Arbeiten zum Neuen Testament und Judentum [ANTI] Band 3), Frankfurt a. Main, Bern, Las Vegas 1977

Blatter, K. Dr. med.: Medizin quo vadis? Langenthal, o.J. (=1979)

Blumhardt, Christoph: Ansprachen, Predigten, Reden, Briefe 1865 – 1917. Neue Texte aus dem Nachlass, herausgegeben von Johannes Harder. Neukirchen 1978
   Band I   Von der Kirche zum Reich Gottes 1865 – 1889
   Band II   Seid Auferstandene! 1890 – 1906
   Band III   Geliebte Welt 1907 – 1917
   [abgek.: Blumhardt, Harder]

-: Eine Auswahl aus seinen Predigten, Andachten und Schriften. Herausgeg. von R. Lejeune. Vier Bände, Erlenbach-Zürich und Leipzig: 1937 (Band I); 1925 (Band II); 1928 (Band III); 1931 (Band IV)

-: Heute schauen wir vorwärts. Ein Blumhardt-Brevier für alle Tage, herausgegeben von Otto Bruder. Zürich und Stuttgart 1966

-: Gedanken aus dem Reiche Gottes, im Anschluss an die Geschichte von Möttlingen und Bad Boll, und unsere heutige Stellung. Ein vertrauliches Wort an Freunde von Christoph Blumhardt. Bad Boll 1895

-: Briefblätter. Bad Boll, Jahrgänge 1882 – 1885.

-: Abendgebete für alle Tage des Jahres von Pfarrer Christoph Blumhardt gesammelt aus Abend-Gottesdiensten in Bad Boll. Jebenhausen bei Göppingen o.J. (um 1920; verschiedene Auflagen)

Blumhardt, Johann Christoph: Ausgewählte Schriften in drei Bänden.
   Band I   Schriftauslegung. Zürich 1947
   Band II   Die Verkündigung, Zürich 1948
   Band III Seelsorge. Glaubensfragen, Seelsorge, Briefe, Gebete, Lieder. Zürich 1949

-: Gesammelte Werke. Schriften, Verkündigung, Briefe. Herausgegeben von Gerhard Schäfer. Reihe I: Schriften.
   Band 1: Der Kampf in Möttlingen. Texte. Unter Mitarbeit von Paul Ernst herausgegeben von Gerhard Schäfer. Göttingen 1979
   Band 2: Der Kampf in Möttlingen. Anmerkungen. Unter Mitarbeit von Paul Ernst herausgegeben von Dieter Ising und Gerhard Schäfer. Göttingen 1979

-: Der Geisterkampf in Möttlingen. Die Krankheitsgeschichte der Gottliebin Dittus. Ausführlicher Original-Bericht von Pfr. Joh. Chr. Blumhardt. 3. Schweizer Auflage. Basel und Giessen 1967

(-:) Christoph Blumhardt und Friedrich Zündel über Johann Christoph Blumhardt. Herausgegeben von Robert Lejeune. Zürich 1969

Bohren, Rudolf: Die Hauskirche Johann Christoph Blumhardts. In ders.: Dem Worte folgen. Predigt und Gemeinde. München und Hamburg 1969 Seite 125 -146

151

Böhringer, Hans: Innere Heilung. In Mühlen, Heribert (Hrsg.): Geistesgaben heute...
Seite 86 – 95

Bonhoeffer, Dietrich: Gemeinsames Leben. München 1966 (versch. Aufl.)

Brandenburg, Hans: Emil Rupflin – Ein Leben in Christi Auftrag. Nach seinen Tage-
büchern aufgezeichnet von Hans Brandenburg. Basel, 2. Auflage 1975

Brown, Roland: Beten und heilen. Das Gebet für Kranke. Kassel 1975

Cremer, Hermann: Weissagung und Wunder im Zusammenhange der Heilsgeschichte.
(Beiträge zur Förderung christlicher Theologie. Vierter Jahrgang, 3. Heft) Gütersloh
1900

Dellsperger, Rudolf – Nägeli, Markus – Ramser, Hansueli: Auf dein Wort. Beiträge zur
Geschichte und Theologie der Evangelischen Gesellschaft des Kantons Bern im 19.
Jahrhundert. Zum 150jährigen Bestehen der Evangelischen Gesellschaft herausge-
geben vom Hauptkomitee. Bern 1982

Dietzfelbinger, D. Hermann: Art.: «Handauflegen», in BBW, Seite 169f

-: Art.: «Heilen / Heilung», in BBW, Seite 176 – 179

Doebert, Heinz: Das Charisma der Krankenheilung. Eine biblisch-theologische Untersuchung über eine vergessene Grundfunktion der Kirche (Furche Studien Band 29).
Hamburg 1960

-: Gabe und Aufgabe der geistlichen Krankenheilung in der Gemeinde. In: Bittlinger,
Arnold u.a.: Die Bedeutung der Gnadengaben für die Gemeinde Jesu Christi...Mar-
burg a.d. Lahn 1964, Seite 48 – 72

Ecker, Karl: Heilungsdienst in der Gemeinde. In Mühlen, Heribert (Hrsg.): Geistesgaben
heute... Seite 101-112

Erk, Wolfgang – Scheel, Martin (Hrsg.): Ärztlicher Dienst weltweit. Stuttgart 1974

Fascher, Erich: Jesus der Arzt. In: Ders.: Frage und Antwort. Studien zur Theologie und
Religionsgeschichte. Berlin 1968. Seite 9 – 41

Fankhauser, Margrit: Der Kreis zerbricht. Das naturwissenschaftliche Weltbild und
seine Verarbeitung in der Existential-Philosophie und den ihr nahestehenden Strömungen. Theologische Beiträge (7) 1976, Seite 69 – 76

Fenner, Dr. Friedrich: Die Krankheit im Neuen Testament. Eine religions- und medi-
zingeschichtliche Untersuchung (Untersuchungen zum Neuen Testament, Heft 18),
Leipzig 1930

Fischer, Balthasar: Zur Situation des «Heilungs-Sakraments» in der nachkonziliaren
katholischen Kirche. In: Bennet, George. Das Wunder von Crowhurst...Wuppertal
und Trier 1972, Seite 108 – 111

Fraeyman, M.: Art.: «Krankensalbung», in: LThK, Band Spalte 585-591

Friedrich, Gerhard: Art.: «euaggelizomai etc.» in: ThWNT, Band II, Seite 705ff

Frost, Evelyn, Ph.D.: Christian Healing. A Consideration of the Place of spiritual Healing
in the Church of To-day in the Light of the Doctrine and Practice of the ante-nicene
Church. London, 3. Auflage 1954

Gagern, Friedrich E. Freiherr von: Heilung der persönlichen Geschichte. In: Mühlen,
Heribert (Hrsg.): Geistesgaben heute.. Seite 96 – 100

Gese, Hartmut: Die Frage des Weltbildes. In Ders.: Zur biblischen Theologie. Alttestamentliche Vorträge (Beiträge zur evangelischen Theologie Band 78), München
1977. Seite 202 -222

Giesen, Heinz: Art.: «epitimao», in: EWNT Band II, Spalte 106-108

Glöckner, Richard: Biblischer Glaube ohne Wunder? Einsiedeln 1979

Graber, Friedrich – Müller, Dietrich: Art.: «Gesund, Heil» in: ThBLNT Band I, Seite
548ff

Greeven, Heinrich: Krankheit und Heilung nach dem Neuen Testament. Stuttgart
1948

Grimm, Werner: Weil ich dich liebe. Die Verkündigung Jesu und Deuterojesaja (Arbeiten zum Neuen Testament und Judentum [ANTI] Band 1), Bern und Frankfurt a.

152

Main 1976 [überarbeitete Neuauflage ebda. 1981 unter dem Titel 'Die Verkündigung Jesu und Deuterojesaja']

Grossmann, S(iegfried): Wirkungen. Gott im Alltag. Schloss Craheim 1968

Häring, Bernhard: Heilender Dienst. Ethische Probleme der modernen Medizin. Mainz 1972

Harnack, Adolf von: Medizinisches aus der ältesten Kirchengeschichte (Texte und Untersuchungen zur Geschichte der Altchristlichen Literatur, Band VIII), 1892

-: Die Mission und Ausbreitung des Christentums in den ersten drei Jahrhunderten von A. v. H. Vierte verbesserte und vermehrte Auflage mit elf Karten. Leipzig 1924 [Neudruck Wiesbaden o.J.]

Harper, Michael: Ein neuer Lebensstil für die christliche Gemeinde – Wie die Erlöserkircher in Houston einen neuen Lebensstil fand. Basel, 2. Auflage 1979

Heitz, Sergius (Hrsg.): Der Orthodoxe Gottesdienst. Band I Die Göttliche Liturgie und Sakramente. Herausgegeben von Erzpriester S. H. Mainz, o. J. (1965 ?)

Hempel, Johannes: «Ich bin der Herr, dein Arzt» (Ex. 15,26), in: Theologische Literaturzeitung (82) 1957, Nr. 11. Spalte 809 – 826

-: Heilung als Symbol und Wirklichkeit im biblischen Schrifttum. Nachrichten der Akademie der Wissenschaften in Göttingen. Philologisch-historische Klasse. Göttingen 1958 (2. Auflage 1965)

-: Art.: «Heilen 1« in BHHW Band II, Spalte 678f

Hengel, Martin: Zur urchristlichen Geschichtsschreibung. Stuttgart 1979

Hengel Rudolf und Martin: Die Heilungen Jesu und medizinisches Denken. In: Medicus Viator. Fragen und Gedanken am Wege Richard Siebecks. Eine Festgabe seiner Freunde und Schüler zum 75. Geburtstag. Hrsg. von P. Christian und D. Rössler. Tübingen und Stuttgart 1959, Seite 331 – 361 [zitiert wird nach dem Abdruck in Suhl, Alfred (Hrsg.): Der Wunderbegriff im Neuen Testament, (Wege der Forschung Bd. 295). Darmstadt 1980, Seite 338-373]

Hoch, Dorothee: Heil + Heilung. Eine Untersuchung zur Frage der Heilungswunder in der Gegenwart. Zweite, neubearbeitete und erweiterte Auflage. Basel o. J. (= 1955)

Holl, Karl: Die Missionsmethode der alten und die der mittelalterlichen Kirche. In: Gesammelte Aufsätze, Band III, Tübingen 1928, Seite 117 – 129. Neuabdruck in: H. Frohnes – U.W. Knorr (Hrsgg.): Kirchengeschichte als Missionsgeschichte, Band I: Die alte Kirche. München 1974, Seite 3 – 17.

Jäckh, Eugen: Christoph Blumhardt. Ein Zeuge des Reiches Gottes. Dargestellt von E. J. Stuttgart 1950

Jeremias, Joachim: Neutestamentliche Theologie. Erster Teil: Die Verkündigung Jesu. Gütersloh 2. Auflage 1973

Karner, K.: Art.: «Krankheit», in BHHW Band II, Spalte 997-999

Kelsey, Morton T.: Healing and Christianity. London 1973

Kraus, Hans Joachim: Theologie der Psalmen (Biblischer Kommentar XV/3), Neukirchen 1979

Kuhlmann, Gerhard: ...und legten die Hände auf sie. Eine Besinnung auf biblische Handauflegung. (Marburger Hefte 4). Marburg an der Lahn 1972

Kuitert, H. M.: Gott in Menschengestalt. Eine dogmatisch-hermeneutische Studie über die Anthropomorphismen der Bibel. München 1967

Laubach, Fritz: Krankheit und Heilung in biblischer Sicht. Wuppertal 1976

Lawrence, Roy: Wirkungen göttlicher Kraft. Heilungsberichte aus einer Gemeinde. Metzingen und Aschaffenburg 1978

Lewis, Clive Staples: Wunder. möglich – wahrscheinlich – undenkbar? Basel und Giessen, 2. Auflage 1980

-: Wunder. In ders.: Gott auf der Anklagebank. Basel und Giessen 1981, Seite 15 – 32

153

-: Christliches Dogma und naturwissenschaftliches Weltbild. In ders.: Gott auf der Anklagebank. Basel und Giessen 1981, Seite 35 – 46

Link, Hans-Georg: Art.: «Schwachheit», in ThBLNT Band III, Seite 1101ff

Lohrmann, Walter: Frucht und Gaben des Heiligen Geistes (Theologie und Dienst. Band 13). Giessen und Basel 1978 [Neuauflage 1983]

Martin, Bernard: Die Heilung der Kranken als Dienst der Kirche. Aus dem Französischen übertragen von Pfarrer M. Thurneysen. Basel o.J. (=1954)

Michel, Karl-Heinz: Sehen und glauben. Schriftauslegung in der Auseinandersetzung mit Kerygmatheologie und historisch-kritischer Forschung (Theologie und Dienst, Band 31), Wuppertal 1982

-: Art.: «Leib / Körper», in BBW, Seite 235 – 237

Michel, Otto: Der Brief an die Hebräer (Kritisch-exegetischer Kommentar über das Neue Testament...13. Abteilung) Göttingen, 13. Auflage 1975

-: Art.: «Heilen 2. 3.» in BHHW Band II, Spalte 679 – 681

-: Art.: «Glaube», in ThBLNT, Band I, Seite 560 – 576

- und Fischer, Agnes: Gestaltwandel des Bösen. Eine biblische Besinnung. Von O. M. unter Mitarbeit von A. F. Wuppertal 1975

Mühlen, Heribert (Hrsg.): Geistesgaben heute. Mainz 1982

Mühlhaupt, Erwin: Luthers Kampf mit der Krankheit (Mitteilungen der Luthergesellschaft, Heft 3). 1958

Mussner, Franz: Die Wunder Jesu. Eine Hinführung. (Schriften zur Katechetik, Herausgegeben von Paul Neuenzeit, Band X). München 1967

-: Der Jakobusbrief (Herders Theologischer Kommentar XIII/1) Freiburg u.a. 4. Auflage 1981

Nägeli, Markus: Die Evangelische Gesellschaft des Kantons Bern in der Auseinandersetzung mit der Heiligungsbewegung. Von der Oxforder Heiligungskonferenz 1874 bis zur Abspaltung des Verbandes landeskirchlicher Gemeinschaften 1908. In: Dellsperger, Rudolf u.a.: Auf dein Wort...Bern 1982

Nigg, Walter: Der erleuchtete Idiot. Vianney, der Pfarrer von Ars. In ders.: Grosse Heilige, Zürich 1946 [Neuauflagen], Seite 355 – 391

MacNutt, Francis: Die Kraft zu heilen. Das fundamentale Buch über Heilen durch Gebet. Graz, Wien und Köln, 3. Auflage 1979

-: Beauftragt zu heilen. Eine praktische Weiterführung. Graz, Wien, Köln und Metzingen 1979

Oetinger, Friedrich Christoph: Selbstbiographie. Genealogie der reellen Gedanken eines Gottesgelehrten, herausgegeben und mit Einführung und Anmerkung versehen von Dr. theol. J. Roessle (Zeugnisse der Schwabenväter, Band I) Metzingen, 2. Auflage 1978

Peddie, John Cameron: Die vergessene Gabe. Heilen als biblischer Auftrag heute. Metzingen, 2. Auflage 1980

Petri, Heinrich: Henriette Freiin v. Seckendorff-Gutend. Eine Mutter der Kranken und Schwermütigen. Giessen und Basel 1938 [Neuauflagen]

Pfeifer, Samuel: Gesundheit um jeden Preis? Basel und Giessen 1980

von Rad, Gerhard: Theologie des Alten Testamentes. 2 Bände. München. Band I, 6. Auflage 1969; Band II, 5. durchges. und verb. Auflage 1968

Riesner, Rainer: Formen gemeinsamen Lebens im Neuen Testament und heute (Theologie und Dienst, Band 11). Giessen und Basel 1977 [zweite überarbeitete Auflage 1984]

-: Apostolischer Gemeindebau. Die Herausforderung der paulinischen Gemeinden. Giessen und Basel 1978

Rohrbach, Hans: Naturwissenschaft, Weltbild und Glaube. Wuppertal 1967 [verschiedene Auflagen]

Rudin, Ernst (Hrsg.): Arbeitshilfe für Seelsorger. Gnadenthal 1982

154

Rupflin, Emil: In der Erziehungsschule unseres Gottes. Seewies (GR), 9. Auflage 1972

Roth, Alfred: Schwester Eva von Tiele-Winkler. Die Mutter der Vereinsamten. Giessen und Basel, 1939 [verschiedene Auflagen]

Ruthe, Reinhold: Krankheit muss kein Schicksal sein. Leib-Seele-Probleme in der beratenden Seelsorge. Wuppertal 1979

de Saint-Pierre, Michel: Der Pfarrer von Ars. Freiburg u.a. 1975

Sanford, Agnes: Heilendes Licht. Marburg an der Lahn, 3. Auflage 1978

Sauter, Gerhard: Die Theologie des Reiches Gottes beim älteren und jüngeren Blumhardt (Studien zur Dogmengeschichte und systematischen Theologie, Band 14), Zürich und Stuttgart 1962

Schipperges, Heinrich: Lebendige Heilkunde. Von grossen Ärzten und Philosophen aus drei Jahrtausenden. Olten / Freiburg 1962

Schlatter, Adolf: Die christliche Ethik. Stuttgart, vierte Auflage 1961 [unveränderter Nachdruck der dritten Auflage, Calw 1929]

-: Der Brief des Jakobus. Stuttgart 1956 [Nachdruck der ersten Auflage, Calw 1932]

-: Der Evangelist Matthäus. Seine Sprache, sein Ziel, seine Selbständigkeit. Ein Kommentar zum ersten Evangelium von Professer D. Dr. A. S., Stuttgart, 6. Auflage 1963

Schamoni, Wilhelm: Auferweckungen vom Tode. Aus Heiligsprechungsakten übersetzt von W. S. Im Selbstverlag des Verfassers (Bigge a. d. Ruhr) 1968

[Schott]: Der grosse Sonntags-Schott. Für die Lesejahre A – B – C. Originaltexte der deutschsprachigen Altarausgabe des Messbuchs und des Lektionars ergänzt mit den lateinischen Texten des Missale Romanum. Mit Einführungen herausgegeben von den Benediktinern der Erzabtei Beuron. Freiburg, Basel, Wien o. J. (? 1975)

Seybold, Klaus: Das Gebet des Kranken im Alten Testament (BWANT V, 99, 19) Stuttgart 1973

-: Art. «חָלָה ḥālāh» in ThWAT, Band II, Spalte 960 – 971

- und Müller, Ulrich: Krankheit und Heilung (Biblische Konfrontationen 1008), Stuttgart 1978

Sigrist, Anton: Niklaus Wolf von Rippertschwand 1756 – 1832. Ein Beitrag zur Luzerner Kirchengeschichte. Luzern o.J. (= 1952)

Smolitsch, Igor: Leben und Lehre der Starzen. 1936

Stadelmann, Helge: Das Okkulte (Theologie und Dienst, Band 25), Giessen und Basel 1981

-: Heilender Dienst und traditionelle Heilkunde. In: Bibel und Gemeinde 1983, Seite 174 – 187

Staudinger, Hugo – Behler, Wolfgang (Hrsgg.): Chance und Risiko der Gegenwart. Eine kritische Analyse der wissenschaftlich-technischen Welt. Herausgegeben und bearbeitet von H. St. und W. B., unter Mitwirkung von...(Deutsches Institut für Bildung und Wissen). Paderborn 1976

Stolz, F.: Art.: «חלה ḥlh, krank sein» in THAT Band I, Spalte 567 – 570

Stoy, Werner: Familie heute. Die christliche Familie zwischen Gross- und Kleinfamilie (Theologie und Dienst, Band 2), Giessen und Basel 1973

Suhl, Alfred (Hrsg.): Der Wunderbegriff im Neuen Testament. Herausgegeben von A. S. (Wege der Forschung, Band 295), Darmstadt 1980

Tapscott, Betty: Innere Heilung. Erzhausen 1979

Tournier, Dr. med Paul: Technik und Glaube. Mit einem Vorwort von Dr. med. A. Mäder. Basel 1945 [Neuauflagen]

Trudel, Dorothea: Leben und Heimgang der Jungfrau Dorothea Trudel von Männedorf. Zwölf Hausandachten. Eine Mutter [= Trudel, Gesamtausgabe der drei Schriften] Basel o.J.

Vorgrimler, Herbert: Busse und Krankensalbung. In: Michael Schmaus – Alois Grill-

meier – Leo Scheffczyk – Michael Seybold (Hrsgg.): Handbuch der Dogmengeschichte. Band IV, Faszikel 3. Freiburg, Basel und Wien 1978

Wagner, Friedrich: Die Wissenschaft und die gefährdete Welt. Eine Wis-
senschaftssoziologie der Atomphysik. München 1964

Weber, L. M.: Art.: «Krankheit, Krankenseelsorge» in: LThK, Band , Spalte 591 –
595

Weizsäcker, Carl Friedrich von: Die Tragweite der Wissenschaft. Erster Band. Schöpfung
und Weltentstehung. Die Geschichte zweier Begriffe. Stuttgart 1964 [2. Auflge
1966]

Westermann, Claus: Gesundheit, Leben und Tod aus der Sicht des Alten Testamentes. In
Erk – Scheel, Ärztlicher Dienst weltweit... Seite 153 – 166

Witt, Otto: Krankenheilung im Lichte der Bibel. I. Teil. Marburg an der Lahn 1957
Band II unter dem Titel: II. Teil. Krankenheilung, eine Frage an Kirche, Gemeinschaften und Heilungsbewegung. Marburg an der Lahn 1959

-: Biblische Krankenheilung – heute? In: Bennet, George, Das Wunder von Crowhurst...Wuppertal und Trier 1972, Seite 100 – 107

Zeller, J.: Dorothea Trudel. Lahr-Dinglingen

Zimmermann, Alfred: Art.: «Ältester» in BBW, Seite 9 – 11

Zsindely, Endre: Krankheit und Heilung im älteren Pietismus. Zürich und Stuttgart
1962

Zündel, Friedrich: Johann Christoph Blumhardt. Ein Lebensbild von Fr. Z. 8. neubearbeitete Auflage (21. – 26. Tausend) von Dr. Heinrich Schneider. Giessen und Basel
1921 [verschiedene Auflagen und Bearbeitungen]

BIBELSTELLEN-REGISTER

159